Béatrice Nouveau

MYLENE FARMER

l'Ange rouge

Michel Lafon

À François,
« Tu seras un ange là-bas »

Beatrice

MYLENE FARMER

« L'idée de censure, même " auto ", me révulse.
S'interdire de dire les choses n'est pas une solution.
Les tabous ont toujours empêché d'aller de l'avant. »

Télé 7 jours, 4 novembre 1995

7-13, boulevard Paul-Émile-Victor – Île de la Jatte
92521 Neuilly-sur-Seine Cedex

SOMMAIRE

J'aime
avec les
avec les
Si je
pas
pa
faire c

VINGT ANS DE MYSTÈRE

Mots couverts ou dévêtus. Maux voilés ou répandus. Un cœur blessé, offert. Un corps perdu, éperdu. Qu'on soit fan ou profane, d'un côté ou de l'autre du miroir, Mylène Farmer fascine... Vingt ans de mystère autour d'un univers étrange, inédit et sensuel. Parce que indéfini, parce que unique. Dès les premières notes, dès les premières syllabes, la touche Farmer-Boutonnat s'impose. Sans contrefaçon. Et la présence puissante et volatile, le timbre fluet et transperçant d'une artiste empreinte d'une sensibilité extrême qui a su toucher son public. La vision d'un monde nouveau au cœur du bouillon de culture de la chanson française. À l'heure d'une génération désenchantée. L'introduction d'un regard cinématographique, d'un déhanchement rythmique singulier, de looks savamment calculés... Exit les bien-pensants, les tièdes. Provocatrice, elle sait user de tous ses charmes pour bouleverser la donne. Nue, elle écrit et chante l'amour pur ou cru. Fragile, elle se balance sur le fil ténu de la raison. Forte, elle balaye les idées reçues, les « qu'en-dira-t'on ? ». Perfectionniste, elle veille au respect de ses desseins. Vierge sage et vierge folle... Le mariage insensé de l'angélisme et du démoniaque.

De chemins parallèles en jardins secrets, de strophes en vidéos, de déclarations en album photos, partons à la rencontre, entre ombres et lumières, d'un ange rouge. D'une de ces rares personnes dont on dit qu'elles portent un supplément d'âme.

Paris Match, 6 décembre 2001

GÉNÉRATION

C'est là qu'il me vient une idée :

DÉSENCHANTÉE

Pouvoir m'apitoyer

je t'aime mélancolie

C'est là qu'il me vient un

Petit visage blanc au regard perdu vers l'infiniment triste. Une larme de sang perlant sur la joue[1] et, dévorant le cœur de l'enfant « de Saturne »[2], une « bulle de chagrin »[3] à l'insondable mémoire... Depuis son apparition, en 1984, en fillette névrosée (de vingt-deux ans quand même), chuchotant gentiment que *Maman a tort*[22] sur fond d'institut psychiatrique, Mylène Farmer incarne aux yeux de milliers d'adolescents le désenchantement d'une génération. Un spleen profond, baudelairien, que l'on combat autant que l'on chérit. Parfois jusqu'à l'ivresse. « C'est l'élixir, de mes délires[3]. » Un véritable plaisir solitaire livré aux autres, et avec lequel chacun peut entrer en communion, « Partager mon ennui le plus abyssal / Au premier venu qui trouvera ça banal »[4], mais aussi une réalité de l'imaginaire farmérien. Quel espoir peut-on avoir « Quand tout est noir »[5] ?

Plantons le décor. Souffrance, solitude, désespoir. Le froid envahit tout – « Je sais bien que j'ai froid dedans »[5] – car le corps, déjà, n'est plus de ce monde mais approche lentement celui des disparus. Dans ses clips, véritables courts métrages signés pour la plupart du talentueux Boutonnat (*Tristana*, *Ainsi soit je...*, *À quoi je sers...*) ou bien encore dans son ineffable *Giorgino*, réalisé cette fois par le malheureux Boutonnat, les paysages désolés et hivernaux du Vercors, de la Russie, de la Hongrie ou bien de la Slovaquie sont traités au premier plan, véritables miroirs extérieurs des désordres intérieurs. Le naufrage de l'âme au-delà des mots et des silences. Une quasi-personnalisation de la Nature que l'on retrouve dès les premières heures du mouvement romantique. Et s'il faut parler de génie, c'est bien d'avoir tout misé sur le ressenti du spectateur plutôt que de lui offrir « clé en main » une histoire cohérente et facilement compréhensible. Chaque être peut ainsi reconstruire son propre scénario... et sombrer dans son propre chagrin. « Ne le dites pas / Tristana c'est moi[6]. » Dans les textes s'entourant d'artificiels jeux de mots, posés parfois comme de véritables cadavres exquis, l'écran joue régulièrement les maux sur un mode gothique chic, mâtiné de scènes inspirées par la peinture flamande des XVe et XVIe siècles. Ou par Egon Schiele, artiste expressionniste torturé, son « seul maître »[7]. Apparition résolument grave, apeurée ou épleurée, costumes sombres, dépouillés ou d'un autre espace-temps, sur fond de cimetières comme ceux de *Regrets*[8] et de *Plus grandir*[9] ou encore d'abbaye cistercienne (celle de Mériel choisie pour *Je te rends ton amour*[7]). Et, partout, répondant en écho à une flore désolée, une faune nocturne, comme la chouette de *Ainsi soit je...*[5] – oiseau de mauvais augure que l'on retrouve notamment chez Hieronymus Bosch –, ou le corbeau posé sur l'épaule d'une Mylène savamment allongée pour la pochette de *L'Autre*[10] ; ou encore un bestiaire symbolique (une biche éperdue, des loups affamés...). Mais il n'est pas de désenchantement sans désir d'aller au-delà, sans quête de spiritualité de l'*Agnus Dei*[11]. Le mysticisme, souvent teinté de scepticisme, est la trame principale de cette œuvre édifiée, telle une cathédrale de notes et de sentiments, sur vingt longues années de carrière. Références bibliques – « À quand l'instant X / Qu'on attend comme le messie »[12] ; « Si Dieu nous fait à son image / Si c'était sa volonté / Il aurait dû prendre ombrage / Du malin mal habité / Qui s'immisce et se partage / L'innocence immaculée »[13] –, ou mythologiques – le Styx que l'on retrouve en images dans *À quoi je sers...*[14] et l'incroyable Isis du Mylenium Tour... à moins qu'il ne s'agisse de la plus touchante et directe des prières : « Mais mon Dieu de quoi j'ai l'air / Je sers à rien du tout / Et qui peut dire dans cet enfer / Ce qu'on attend de nous (...) »[14]. Le divin, absent ou présent, paternel ou impitoyable, est une figure incontournable posée au centre de toute interrogation.

L'heure est grave. *L'Instant X*[12] approche. Est-ce l'apocalypse ? Entre chien et loup, la belle désespérée est cernée de symboles macabres lui rappelant la vanité des choses de ce monde. « Vanitas, vanitatum... » À l'allégorie fleurie de Ronsard, elle semble préférer la version funeste d'Edgar Allan Poe, auteur chéri de nouvelles morbides. *Et si vieillir m'était conté*[15]... Entrebâillant les portes d'un cimetière que l'on devine abandonné sur l'affiche de son premier spectacle en 1989, l'artiste laisse entrer ceux qui l'aiment dans son monde intime, sa fantasmagorie. Sur scène, même cimetière. Un capucin (un moine, pas un singe) inaugure le show en ouvrant les grilles...

Pour Mylène, tout passe, tout lasse... sauf la plus inexorcisable des douleurs : l'amour perdu ou jamais conquis. Sur fond d'« Horloge »[16] baudelairienne. C'est le cœur de la mythologie mylénienne. De strophes en vidéos, les amours enfantines disparues pour toujours résonnent en écho. « Tu es l'amour naissant / Gravé sur la pierre / Stèle des amants[23]. » Où est-il *L'Autre* ? Celui qui est souffrance et réconfort à la fois... « Tout est chaos / À côté / Tous mes idéaux : des mots / Abîmés... / Je cherche une âme qui / Pourra m'aider[17] »...

Certes, cela parle au plus grand nombre, notamment aux adolescents en quête d'identité et d'amour vrai. La complainte cependant aurait pu agacer en s'éternisant toujours autour du même thème, mais le débat s'élargit enfin – avec les mises en scène de *Sans logique*, suivi par *Désenchantée* – à la remise en question de la société. Le cercle passant du Moi à Eux. L'homme mis à mal par le système. Pliez et vous serez protégés et nourris, indique la vidéo de *Désenchantée*, montrant un camp de travaux forcés où l'on jette des pierres à la dernière venue.

Que faire ? Mais se révolter, bien sûr ! Chef de gangs ou de meutes, le personnage renverse le pouvoir établi, balaye les institutions, tue les principes. Il refuse toute corruption de l'âme et du corps, jusqu'à frôler la folie, l'internement. Comme Frances Farmer... Le prix est cher payé. « Pour quoi ? » Pour se retrouver devant le gouffre angoissant d'un nouveau départ, d'une liberté volée aussi terrifiante que l'esclavage rejeté. La rébellion est-elle vaine ? La question taraude Mylène. Et *Souviens-toi du jour*[18] nous entraîne sur la voie de la réflexion. En s'appuyant sur l'horreur de l'holocauste juif de la Seconde Guerre mondiale, elle appelle à un devoir de mémoire. Ne jamais oublier que l'homme peut se muer en monstre. Lutter contre l'indifférence et la résignation – symbolisées par les flammes qui envahissent la demeure de Mylène sans que celle-ci ne réagisse – pour que, plus jamais, l'Humanité ne se jette dans le gouffre de l'enfer. Un seul espoir, l'amour : « (...) si c'est un homme / Lui parler d'amour à volonté ». L'amour qui revient, perpétuellement, cette fois comme unique distinction entre l'homme et la bête. Primo Levi est l'un de ses auteurs de chevet. « Zokher het ayom »...

Même volonté moralisatrice avec *Rêver*[19]. Mylène Farmer continue le transfert de ses propres doutes et douleurs vers une quête de sérénité à l'échelle planétaire : « À force d'ignorer la tolérance / Nous ne marcherons plus ensemble. » Notons au passage l'allusion à l'œuvre de Boris Vian *J'irai cracher sur vos tombes*[20] – « J'irai cracher sur vos tombeaux / N'est pas le vrai, n'est pas le beau » –, comme ultime rejet de l'anathème humain. Mais tous ces appels, lancés comme des bouteilles à la mer, relèvent de l'utopie. Le monde est sourd... et Mylène, entre-temps captivée par le bouddhisme, tantôt s'accroche contre toute attente, « Et si tu tombes sept fois / Toujours se relever huit »[21], tantôt jette l'éponge : « J'avais rêvé du mot AIMER... »[19]. Finalement, dans le système farmérien, le désespoir est un vide sans fin, avec de multiples causes, d'innombrables effets et nulle solution.

Mais cela fait mouche... Dès le début, la jeunesse s'est accrochée à cette artiste atypique dans le paysage éclectique de la chanson française. Quand sort, en 1984, *Maman a tort*[22], entêtante comptine aux rythmes autistes, le sida – dont personne ne sera évidemment ni responsable, ni coupable – tue sans que l'on en mesure encore les ravages. Jeanne Mas cartonne les charts avec *Toute première fois* ; Stéphane Collaro lance Cocoricocoboy. François Truffaut a rejoint le paradis des cinéastes et Truman Capote, celui des grands auteurs. Une année désolante. Seuls réconforts à l'horizon, une jeune Louise Ciccone pointe son nez avec un très prometteur *Like a virgin* et le clip *Cargo de nuit*, interprété par Axel Bauer et réalisé par Mondino, récolte les récompenses. Et surtout, l'apparition quasi surréaliste d'une femme-enfant timide, dont on retiendra plus, à vrai dire au départ, le timbre fragile et envoûtant que le physique plutôt banal, fait figure de pavé révolutionnaire dans la mare grouillante de la variété française. 2004. Vingt ans plus tard, toujours et plus que jamais présente, intronisée entre-temps star et déifiée par ses fans, Mylène revient, plus sereine que jamais, nous offrir un tout nouvel album, perpétuant son affection pour les reprises et les duos. Mais chut... Il est encore trop tôt pour tout dévoiler.

Sérénité ?

ne sera
au rendez-vous,
n'est pas pour moi.

Au milieu des rats, cancrelats, monstres humains
et enfants méchants, la belle rousse aux cheveux courts
de *Désenchantée* conduit les plus faibles à l'insurrection.

France-Soir, 1er octobre 1994

Aveugle effarée, Mylène ouvre la vidéo de
Je te rends ton amour en robe John Galliano.

Je suis apaisée à l'idée qu'il y ait une vie après la mort.

Télé 7 jours, 4 novembre 1995

Je crois que je me sentirais mal dans toutes les époques

Elle, 5 avril 1999

« Mon père m'avait prévenue : "Tu reconnaîtras la Mort à son grand cheval noir. Et si par malheur, elle s'arrête devant toi, surtout... ne la regarde pas ! " » se souvient le petit tambour devant la cavalière qui lui sauvera finalement la vie lors du final de *Pourvu qu'elles soient douces*.

Sorti le 9 mars 1999, *L'Âme-Stram-Gram* est le premier single annonçant l'album *Innamoramento*. Tourné en Chine par Ching Siu Tung, réalisateur notamment des célèbres *Histoires de fantômes chinois*, le clip relate la tragique séparation de deux sœurs, victimes brutalisées de cavaliers barbares, de l'infamie du monde extérieur. L'une mourra en se jetant du haut d'immenses escaliers. Son spectre viendra peu après sauver sa jumelle survivante. Mais, désespérée de la séparation, cette dernière plongera à son tour dans le vide pour rejoindre son double dans l'au-delà…

Notons que Mylène a co-écrit le scénario. Très coûteux, il a nécessité par exemple que l'on reconstruise tout un pan de la muraille de Chine…

Je me méfie
d'une certaine
nature humaine

1. Pochette du titre *Sans logique*, février 1989, Polydor.
2. L'une des quatre « humeurs » de l'humanité, la mélancolie.
3. Single *Je t'aime mélancolie*, novembre 1991, Polydor.
4. Single CD *L'Âme-Stram-Gram*, mars 1999, Polydor.
5. Single *Ainsi soit je...*, mars 1988, Polydor.
6. Single *Tristana*, février 1987, Polydor.
7. Single CD *Je te rends ton amour*, juin 1999, Polydor-Universal. Clip signé F. Hanss, 1999 (*Music Vidéos III*, 2000).
8. Single *Regrets*, en duo avec J.-L. Murat, juillet 1991, Polydor. Clip signé L. Boutonnat, 1991 (Vidéo *L'Autre*, 1992).
9. Single *Plus grandir*, septembre 1985, Polydor.
10. Album *L'Autre*, 1991, Polydor.
11. *Agnus Dei*, titre inséré en ouverture de l'album *L'Autre*, 1991, Polydor.
12. Single CD *L'Instant X*, décembre 1995, Polydor. Clip signé M. Niespel, 1995 (*Music Vidéos II*, 1997).
13. Single *Sans logique*, février 1989, Polydor.
14. Single *À quoi je sers...*, juillet 1989, Polydor. Clip signé L. Boutonnat, 1989 (*Les clips Volume III*, 1990).
15. *Et si vieillir m'était conté*, titre inséré en 11e plage de l'album *Innamoramento*, 1999, Polydor.
16. *L'Horloge*, poème de Charles Baudelaire, ouverture de l'album *Ainsi soit je...*, 1988, Polydor.
17. Single *Désenchantée*, mars 1991, Polydor. Clip réalisé par L. Boutonnat, 1991 (Vidéo *L'Autre*, 1992).
18. Single CD *Souviens-toi du jour*, septembre 1999, Polydor-Universal. Clip réalisé par M. Niespel, 1999 (*Music Vidéos III*, 2000).
19. Single CD *Rêver*, novembre 1996, Polydor.
20. *J'irai cracher sur vos tombes*, de Boris Vian, alias Vernon Sullivan, 1946.
21. *Tomber sept fois*, titre inséré en 11e plage de l'album *Anamorphosée*, 1995, Polydor.
22. Single *Maman a tort*, mars 1984, RCA (2e pochette, été 1984, RCA). Clip réalisé par L. Boutonnat, 1984 (*Les clips Volume I*, 1987).
23. *L'Amour naissant*, titre inséré en ouverture de l'album *Innamoramento*, 1999, Polydor.

Les Barbares arrivent et, malgré leur magie, les deux sœurs sorcières seront séparées...

Le silence est...

...ma nature profonde

Paris Match, 6 decembre 2001

ans d'âge Mon Dieu que c'est démodé le

Ton kamasutra

A bien cent ans d'âge

LIBERTINE

Mon Dieu que c'est démodé

us ultra En ce paysage C'est d'aimer les deux côtés

Le nec plus ultra

En ce paysage

C'est d'aimer les deux côtés

Sensuelle, sexuelle, androgyne… l'image féminine joue les insaisissables Protée. Loin de la petite fille aux yeux tristes, la libertine, la femme fatale et le garçon manqué coexistent dans le fantasme farmérien. Car la belle aux boucles rouges, couleur de scandale, aime provoquer. Déranger les bien-pensants, la bienséance. Et choquer le religieux. D'où, encore une fois, l'omniprésence divine… Elle que la complaisance écœure (le biblique « Dieu vomit les tièdes ») ne sort jamais indemne de ses clips – fessée, boxée, lapidée, brûlée vive, poignardée… – ou fait payer cher sa forfaiture à l'amant qui a trahi : tué en duel, encorné en corrida, embrassé jusqu'au sang… Sans oublier les menaces de mort : « Vous me découvrez blafarde / Fixée à vos yeux si tendres / Je pourrais bien par mégarde / D'un ciseau les fendre » [1]… telle une mante « religieuse ». « L'ange déchu » [2] de Salman Rushdie châtie comme un dieu vengeur et cruel ou, à son tour, est châtié pour ses fautes comme une vulgaire putain.

L'intimité des alcôves du siècle des Lumières hante l'univers, première époque, de l'artiste et de Laurent Boutonnat. La catin magnifique de *Libertine* [3] ou de *Libertine 2 – Pourvu qu'elles soient douces* [4] – est un personnage inscrit dans la droite lignée des *Liaisons dangereuses* de Choderlos de Laclos, mâtiné de divin marquis avec son faible pour les « baisers d'épine et / De plume » [3]. Au son des tambours et des fifres, la guerre en dentelle [5] fait rage tandis que la Cour, période Louis XV, le bien-aimé, excelle dans le « Jeu de l'amour et du hasard » [6]. Mylène apparaît à la fois vertueuse et totalement dénudée, coquine, livrée aux plaisirs sodomites… ambivalence que l'on découvre également dans *Pardonne-moi* [7] où elle s'offre mi-pieuse, mi-impudique. Un ange rouge.

Mais elle peut aussi se déguiser en petit soldat pour fuir le théâtre des combats, empruntant l'identité d'un homme, allusion au plus célèbre hermaphrodite de l'histoire, le chevalier d'Eon, auquel elle fait référence dans *Sans contrefaçon* [8]. Une chanson devenue hymne à l'homosexualité féminine, masculine, à la bisexualité… « qu'on soit Paul en Pauline » [9]. La comédie *Pédale douce* ne commence-t-elle pas avec ces quelques mots « Dis, maman, pourquoi je suis pas un garçon » ? Quoi qu'il en soit, *Sans contrefaçon* fait entrer Mylène dans le cercle très prisé des égéries gay, comme Dalida ou Madonna. Clin d'œil : on se souviendra d'elle embrassant sur la bouche ses deux danseuses sur le plateau de « Top à Maritie et Gilbert Carpentier », en décembre 1995…

« Les liaisons dangereuses », toujours, avec cette fois *Beyond my control* [10]. Le clip, qui sera censuré, met en scène une Mylène-Jeanne d'Arc au bûcher, et un amant, spectateur impuissant, présenté, par des flash-backs bien dosés, comme un insatiable Casanova. Ou plutôt un Valmont, *Beyond my control* n'étant que l'adaptation anglaise de la célèbre réplique du vicomte « Ce n'est pas ma faute ». Phrase qu'il répète inlassablement, et comme malgré lui sur les « bonnes recommandations » de Mme de Merteuil, à toutes les objections de la femme qu'il aime, la vertueuse Mme de Tourvel. Phrase majeure qui marque la rupture et entraînera, dans une spirale infernale, la maîtresse éconduite à se laisser mourir de chagrin et l'amant coupable à se faire tuer en duel. « Ce n'est pas ma faute » : au-delà de la raison et de la volonté, la passion, mariage extrême d'amour et de haine (« Tu nous fais du mal (…) / Ne t'éloigne pas de mes… Bras » [10]) entraîne les hommes à leur perte. Au féminin, Valmont est une femme-enfant fatale nommée Lolita. « C'est pas ma faute à moi » – *Moi… Lolita* [11].

La passion… dévoreuse, vaporeuse, vampe, vampire… Poussant à l'extrême, elle tue, dans une rage très imaginative, l'autre. « L'amour à mort ». Ou je te tue parce que je t'aime. Un thème que l'on retrouve au cœur de *Hygiène de l'assassin* [12], où Prétextat Tach, l'odieux auteur ermite, avoue avoir étranglé puis noyé, adolescent, la seule femme qu'il a jamais aimée. Afin qu'elle demeure, pour l'éternité, l'enfant pure de son souvenir. La beauté du geste… « Eh, oh, ce matin / Y a Chloé qui s'est noyée / Dans l'eau du ruisseau / J'ai vu ses cheveux flotter [13]. » Amélie Nothomb et Mylène Farmer, qui se connaissent et s'apprécient, cultivent le même jardin secret…

Mais rares sont les véritables passions tragiques. Les Paul et Virginie ou Tristan et Iseult ne courent pas les rues. Ce sont les putes, les « fleurs de poubelle » [9], qui arpentent l'asphalte des grands boulevards percés de néons glauques en rêvant d'amour. En 1995, sous l'œil d'Abel Ferrara, Mylène s'anamorphose en prostituée de Sunset Boulevard, LA, *California* [14]. Corps à vendre pour une poignée de dollars, mais cœur à prendre pour une histoire *XXL* [9]. La bourgeoise et la putain, deux facettes d'une même détresse. Camées de spleen jusqu'à en crever. Paradis artificiels… Les temps sont X, « les temps sont lâches » [15]. Le latex sépare les êtres, « La peur s'abat / Sur nos ébats / Toi entre nous / Caoutchouc ». La fin de siècle, l'amour, la mort n'ont plus d'âme. En témoigne l'ange envoyé sur Terre par Luc Besson pour « Que mon cœur lâche ».

La veste de Libertine est tombée, l'acte d'amour est consommé. Mais déjà sa rivale (jouée par Sophie Tellier) guette sa proie… S'ensuit une lutte sans pitié entre les deux femmes qui se battent jusqu'au sang. Et Libertine qui fuit. Les scènes sont tournées, pour les intérieurs, dans des pièces redécorées des châteaux de Ferrières et de Brou avec une Mylène qui vient de choisir définitivement le roux comme couleur de cheveux.

Une cravache qui n'est pas sans nous rappeler celle du fameux Capitaine Alec Parker. Ce sont les fesses du pauvre petit tambour de *Pourvu qu'elles soient douces* qui en ont fait les frais...

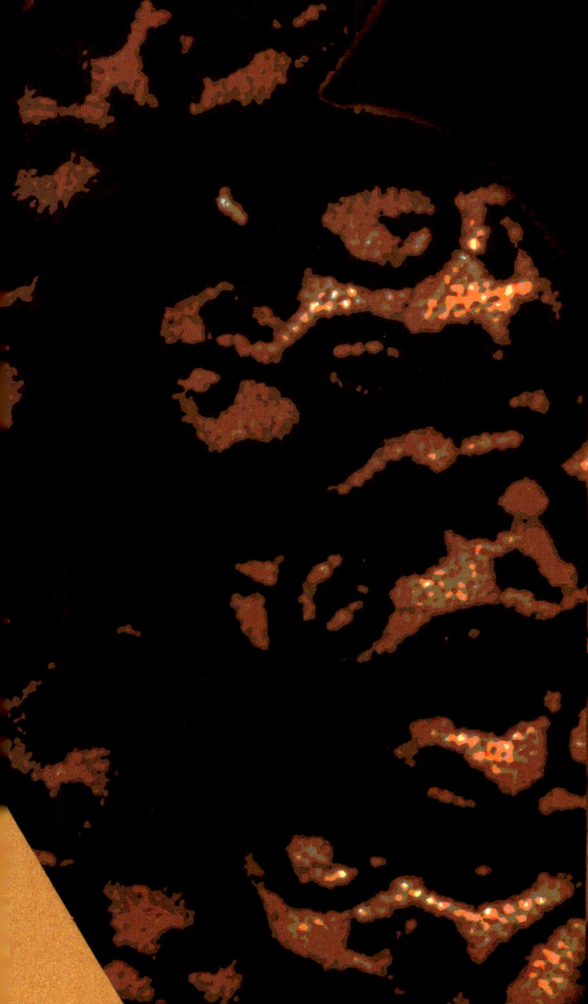

1. Single *Sans logique*, février 1989, Polydor.
2. « (...) C'est la voix d'un ange déchu », propos tenus par Salman Rushdie lors d'une interview pour le magazine *Elle*.
3. Single *Libertine*, avril 1986, Polydor (2e pochette « cheveux roux », été 1986, Polydor). Clip réalisé par Laurent Boutonnat, en 1986, disponible dans *Les clips Volume I*, 1987.
4. Single *Pourvu qu'elles soient douces*, septembre 1988, Polydor. Clip réalisé par Laurent Boutonnat en 1988, disponible dans *Les clips Volume II*, 1988.
5. La guerre de sept ans, 1756-1763. « 18 août 1757. Un détachement de l'armée de Sa Gracieuse Majesté George II, commandé par le courageux capitaine Alec Parker, débarque aux Pays-Bas, et entre en Prusse. Il vole au secours de Frédéric II qui est assiégé par la coalition franco-austro-russe. Hélas pour nous... » Hélas pour eux, car les soldats de *Pourvu qu'elles soient douces* ont fait fausse route et se retrouvent en France, territoire ennemi. Jean-Louis Viau servira de conseiller historique pour le tournage.
6. *Le Jeu de l'amour et du hasard*, Marivaux (1730).
7. Single CD 3 plages *Pardonne-moi*, octobre 2002, Polydor-Universal.
8. Single *Sans contrefaçon*, octobre 1987, Polydor.
9. Single CD *XXL*, septembre 1995, Polydor.
10. Single *Beyond my control*, mai 1992, Polydor. Le clip est réalisé par Laurent Boutonnat, en 1992. Disponible sur la vidéographie *L'Autre*.
11. Single CD *Moi... Lolita*, juillet 2000, Polydor-Universal.
12. *Hygiène de l'assassin*, premier roman d'Amélie Nothomb, Albin Michel.
13. *Chloé*, titre inséré en 5e plage de l'album *Cendres de lune*, 1986, Polydor.
14. Single *California*, mars 1996, Polydor. Clip signé Abel Ferrara disponible dans la vidéographie *Music Vidéos II* (1997).
15. Single *Que mon cœur lâche*, novembre 1992, Polydor. Clip sur *Music Vidéos II*, avril 1997.

Je vis de fantasmes et c'est une mortification de savoir que je ne pourrai pas tous les assouvir

Télé 7 jours, 4 novembre 1995

J'ai participé à un disque pour la lutte contre le sida et puis à des choses plus confidentielles que je ne souhaiterais, en aucun cas, voir médiatisées. Le sida c'est, bien sûr, quelque chose qui me touche et qui peut, ou pourra me concerner un jour. Je le vis, j'ai des personnes autour de moi qui souffrent et ont souffert de ça. C'est une chose que je ne peux ignorer, car elle fait partie de la vie de tous les jours.

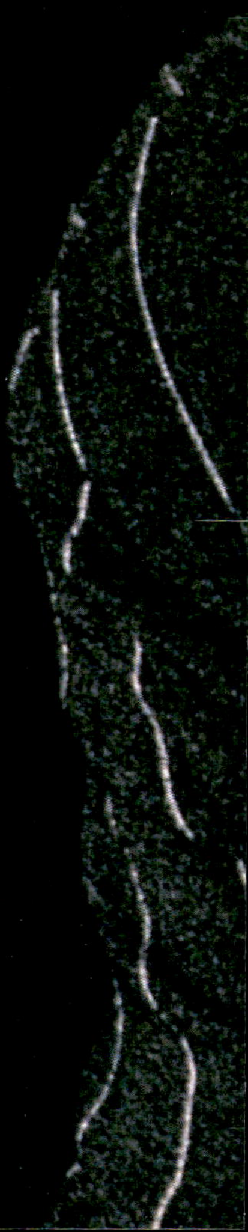

OK, mars 1996

Je suis sincère

Je vis dans mon monde pour oublier la réalit

France-Soir, 19 novembre 1988

Octobre 87, changement de répertoire avec *Sans contrefaçon* qui emporte l'adhésion du public homosexuel. Ce sera le premier extrait du second album de Mylène *Ainsi soit je*... Ce dernier, sorti en mars 1988 atteindra le million d'exemplaires vendus et sera certifié disque de diamant en 1989. Pour la première fois Mylène signe la plupart des textes.

Vous avez un joli prénom...

...pour un garçon

)iffusé pour la première fois e 15 décembre 1991, le clip le *Je t'aime mélancolie* fait également couler beaucoup l'encre... Sous la caméra le Boutonnat, la belle rousse, sexy, sensuelle en porte-jarretelles et guêpières siglés ean-Paul Gaultier, alterne match de noble art sur un ring (d'abord boxe américaine puis savate française), où elle prend quelques méchants coups (de la part des critiques ?), et ballet chorégraphié avec danseuses. Le single a atteint les 250 000 ventes.

Tout ce qui est tiède m'ennuie, le politiquement correct, l'uniformité de pensée et d'expression.

Paris Match, 6 décembre 2001

Je saurai ne pas faire
le combat de trop
Partir avant de lasser

Paris Match, 6 decembre 2001

On a tous en nous un côté vulgaire qu'on refoule.

Paris Match, 30 mai 1996

J'ai débuté petite
fille un peu perverse,
je vais devenir
un jour ou l'autre...
...une femme énigmatique.
Mon rêve !
France-Soir, 3 avril 1987

mon âme d'enfant sage

De mon âme d'enfant sage

PLUS GRANDIR

Je voudrais comprendre

Sans logique

Vingt ans après, la petite fille de *Maman a tort* court toujours dans l'imaginaire farmérien. Un refuge, un asile pour fuir l'inévitable déchéance et s'accrocher désespérément à la jeunesse. « Plus grandir pour pas mourir / Pas souffrir »[1]. Une enfance rêvée, imaginée, reconstruite... Car Mylène a entièrement gommé de sa mémoire sa propre et véritable histoire. Un conte saupoudré de neige canadienne qui commence le 12 septembre 1961, à Pierrefonds, à côté de Montréal. Miss Farmer se nomme alors Mylène Gautier. C'est la troisième enfant d'un couple dont le père est ingénieur des Ponts et Chaussées, nommé pour la construction d'un barrage sur la rivière Manicouagan. Quelques bribes de souvenirs épars remontent en surface : un écureuil tombé du nid, un premier prix de chant à l'âge de dix ans, l'école privée Sainte-Marcelline, les premiers conflits intérieurs, la solitude, « un long monologue »... Rien de tragique à l'horizon. À moins que...

À l'aube des années 1970, les Gautier retournent en France avec un quatrième enfant, un fils né en 1969. Et choisissent une autre banlieue « bourgeoise » pour s'installer, à Ville-d'Avray, près de Versailles. Mylène se prend de passion pour l'équitation. Premiers cours à Porchefontaine puis inscription, vite regrettée, au monitorat d'équitation du Cadre noir de Saumur. Plus tard, elle tissera des liens professionnels, puis amicaux, avec le célèbre cascadeur Mario Luraschi, présent, entre autres, sur *Pourvu qu'elles soient douces* ou *Giorgino*.

Les chevaux... mais pas uniquement. La jeune femme voue un amour profond aux animaux. E.T., son premier singe acheté en 1985 quai de la Mégisserie, sera accompagné, deux ans après, d'un autre capucin, Léon. N'oublions pas *Alice*, « Comme tu me manques / L'araignée »[2] et tous les veaux-vaches-cochons de *The Farmer's Conclusion*[3] !

L'école ? « Mylène s'en fout ». En terminale, elle tient deux jours. « Je fus simplement congédiée », avouera-t-elle à Philippe Séguy[4]. Jusqu'à *Maman a tort* et sa rencontre décisive avec les compositeurs Laurent Boutonnat et Jérôme Dahan, elle enchaîne castings publicitaires ringards – Le Chat machine, ciseaux Fiskars... –, cours décevants de théâtre – avec Daniel Mesguich d'abord, puis cours Florent – et autres petits boulots alimentaires dont assistante de gynécologue. Rien qui lui convienne vraiment. Même si quelques rencontres sont intéressantes, notamment celle de Thierry Mugler, croisé sur les bancs du cours Florent. Elle jouera avec lui *Le Père Noël est une ordure*, gardera contact avec le créateur de mode et lui confiera même, plus tard, la conception de nombreux costumes (dont ceux de son premier spectacle en 1989).

Bref, Mylène ne dévoile rien de particulier sur ses vingt premières années. Mais c'est grâce à son air « psychotique » – dixit Boutonnat[10] – qu'elle réussit le casting du titre qui la fait définitivement entrer dans le petit sérail de la grande chanson française. *Maman a tort* inaugure l'histoire d'une petite fille fragile, un brin perverse. Dès lors, comme autant de fantômes, la névrose infantile, l'ambiguïté sexuelle ou l'attrait pour les « plaisirs impolis » planeront dans les textes de Mylène. Et, quasi obsessionnelle, une ombre s'ajoute au tableau : celle du père. Dans la lignée d'un Gainsbourg provoc chantant *Lemon Incest* en duo avec sa fille Charlotte, Mylène distille dans ses textes des allusions – et parfois plus – incestueuses. La vidéo de *Plus grandir*[1], adaptant le premier texte écrit par Mylène, évoquait déjà le viol d'une jeune femme cloîtrée dans une sorte de couvent, sous le regard pervers de bonnes sœurs naines. Onze ans après, *Comme j'ai mal*[5] met en scène une autre jeune fille se faisant violenter par un homme dans sa chambre. En 1999, nouveau clip, nouvelle censure. Suggérant un rapport secret et violent avec un prêtre, *Je te rends ton amour*[6] n'est pas, lui encore, sans évoquer les troubles relationnels entre une fille – aveugle de surcroît – et son « paternel ». Dieu, le père... Sur le même album[7], le texte d'*Optimistique-moi*[8] ne loupe pas non plus le coche de l'ambiguïté... « Papa n'était pas comme ça, quand... / Il disait tout bas : / "Petit bouton de rose, / Aux pétales humides, / Un baiser je dépose" / Optimistique-moi, papa / Optimistique-moi, quand j'ai froid. »

Le père, puissant, omnipotent, « vieux bouc »[11]. Tandis que Maman a tort... et se tait. Viol, Viol haine, Mylène... ▶

« Il y a eu une erreur de la nature :
j'aurais dû naître rousse. »

(Elle, 5 avril 1999.)

Le 45 tours *Maman a tort* sorti en mars 1984 chez RCA – dont on estime les ventes à 100 000 copies – sera présenté avec deux pochettes (l'une en noir et blanc, l'autre en couleur), en maxi-45 tours et en version anglaise *My Mum is wrong*. Ce dernier fit un flop mais reste un collector précieux. Juste après le succès de *Maman a tort*, la jeune femme connaît la pression médiatique. Elle se livre en photo et dans les interviews sans protection… Elle habite alors près du centre Pompidou, à Paris. Un autre titre est attendu, *Bip be bou rock'n'roll – L'amour au téléphone*, qui ne sortira jamais… *On est tous des imbéciles*, son second 45 tours, sera un échec.

Perturbée, l'enfant se réfugie dans l'univers secret qu'elle s'est créé, véritable boîte de Pandore, d'où émerge toute une série de personnages fantastiques. Le petit pantin de *Sans contrefaçon*[9] qui devient de chair et d'os nous invite par exemple à revisiter l'histoire du Pinocchio de Collodi. Là encore, l'allusion au père est explicite : le fil œdipien reliant la marionnette à Gepetto, son créateur. Notons au passage l'apparition dans ce clip de la comédienne Zouc incarnant la bonne fée « noire » par qui le miracle de la vie arrive... Sur la lancée des bonnes sœurs naines et de la poupée traîtresse de *Plus grandir*, l'enfant de la balle d'*Optimistique-moi* nous entraîne dans son cirque onirique. Funambule, elle domine un monde grouillant d'anomalies, mêlant lanceur de couteaux sadique et travestis, nains grimaçants ou clones improbables mi-hommes, mi-animaux... Comme autant de symboles de la quête d'identité taraudant cette jeune fille égarée qui s'accroche désespérément à l'enfance.

Sous les feux du succès, Mylène s'est inventé une nouvelle vie et a passé ses cheveux au roux... comme ceux de Peter Pan.

Il y a une grande part d'enfance en moi peut-être que je ne dois pas la quitter.

1988, petit retour à Pierrefonds,
dans le jardin familial...

J'aime l'enfance,
mais elle m'inquiète.
La mienne est tellement
sourde, étrange...

Jours de France, 24 avril 1988

(…) Quand j'avais seize, dix sept ans, je suis partie en stage près de Saumur,

1. Single *Plus grandir*, septembre 1985, Polydor. Le clip est réalisé en 1985 par Boutonnat (*Les clips Volume I*, 1987).
2. *Alice*, titre inséré en 9e plage de l'album *Anamorphosée*, 1995, Polydor.
3. *The Farmer's Conclusion*, titre qui clôture l'album *Ainsi soit je…*, 1988, Polydor.
4. *Ainsi soit-elle*, Ed. Taillandier, 1991.
5. Single CD *Comme j'ai mal*, août 1996, Polydor. Le clip est réalisé par Marcus Niespel en 1996 (*Music Videos II*, 1997).
6. Single CD *Je te rends ton amour*, juin 1999, Polydor-Universal. Le clip, réalisé en 1999, est signé François Hanss (*Music Videos III*, 2000).
7. Album *Innamoramento*, 1999, Polydor.
8. Single CD *Optimistique-moi*, février 2000, Polydor-Universal. Le clip est signé M. Haussman (*Music Videos III*, 2000).
9. Single *Sans contrefaçon*, octobre 1987, Polydor. Le clip est signé Boutonnat (*Les clips Volume II*, 1988).
10. Propos tenus par Laurent Boutonnat à Noël Mamère pendant un JT de 1986.
11. Titre inséré sur la 3e plage de l'album *Cendres de lune*, 1986, Polydor.

la ville du Cadre noir, pour passer l'examen qui aurait fait de moi une instructrice (…)

Télé 7 jours, 1er novembre 1986

E.T. est entré dans ma vie, il y a u

n et demi.

Il prend peu de place et m'attend sagement quand je ne suis pas là (...).

J'adore tous les animaux même si j'ai une préférence pour les singes.

Télé 7 jours, 1er novembre 1986

Je n'ai pas l'impressio

…être une grande personne

France-Soir, 1er octobre 1994

psychotique

Sur la pochette du single *Je te rends ton amour*, la photo de Marino Parisotto Vay nous présente une Mylène scotchée et crucifiée à la tête dérobée... voire décapitée. Le clip, lui, qui subit les foudres de la télémoralité, nous en dit plus long... Joliment habillée de pourpre par John Galliano, la belle aveugle se glisse, Bible en braille en main, dans le confessionnal d'une abbaye – celle de Notre-Dame-du-Val, à Mériel (Val-d'Oise). Or, le prêtre à qui elle s'adresse est plus diabolique qu'angélique... Il lui pose un bandeau sur les yeux – elle recouvre ainsi l'usage de ses yeux ! –, la violente, la déshabille entièrement, la couvre du sang de ses stigmates... et la crucifie. Sans avoir marqué de résistance, la jeune femme parachève le processus de « purification » en se baignant dans la mare de son propre sang. Voyante, elle quittera l'abbaye en robe noire... De quoi nous laisser perplexes. L'hebdomadaire *Voici* demandera même au psychologue Joseph Messinger son interprétation : « Pris au premier degré, le clip est sulfureux. Mais par-delà cette lecture sans recul, il représente l'appel au secours d'une petite fille qui a toujours refusé de grandir. »

On aurait juré qu'elle sortait de l'hôpita

Ça laissait imaginer les pires trucs, une enfance tragiqu

fouettée par les bonnes soeurs...

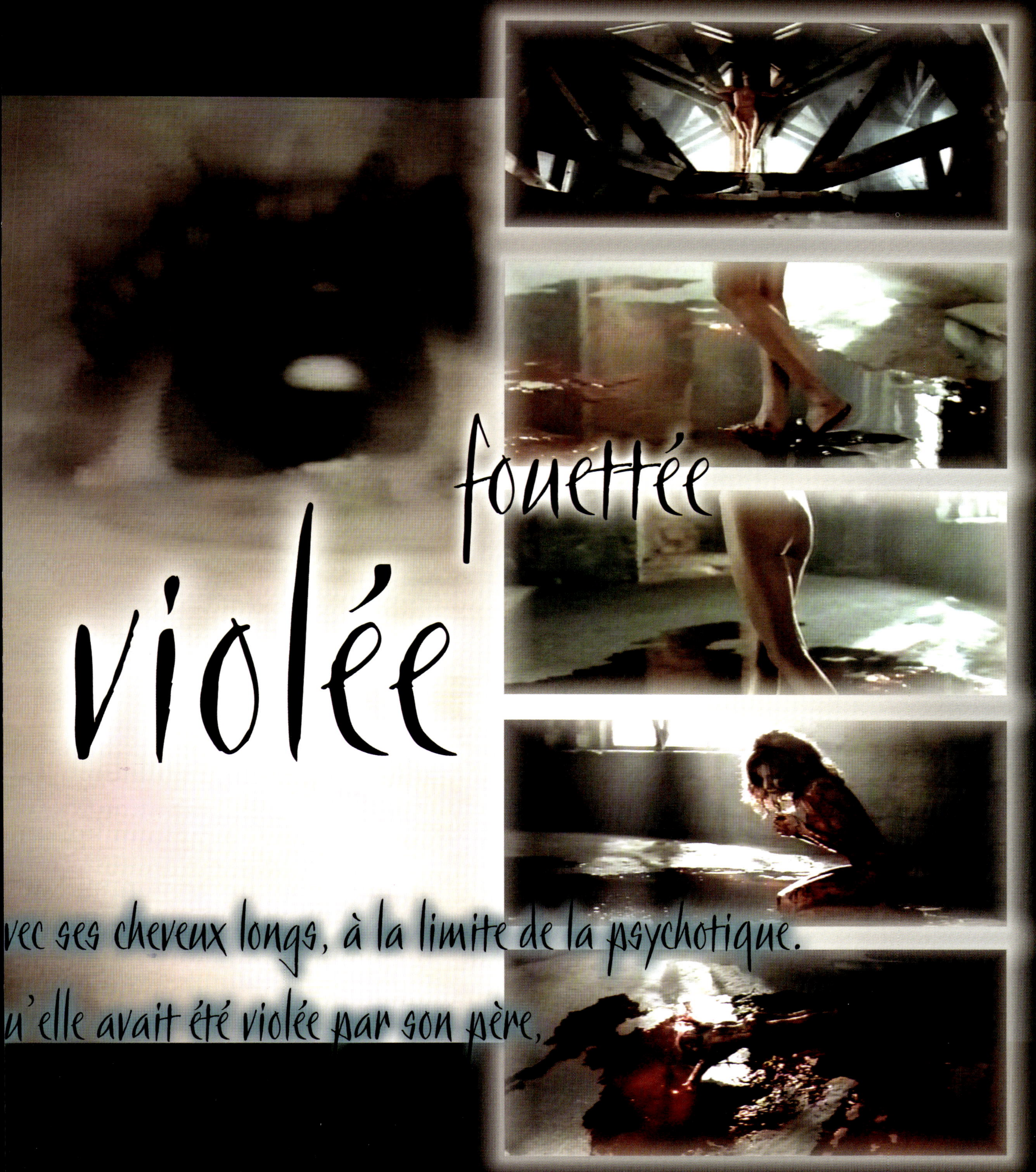
fouettée
violée
vec ses cheveux longs, à la limite de la psychotique.
u'elle avait été violée par son père,

Je n'adhère pas au culte de ma personnalité

Optimistique-moi. Le thème ? La haine et l'amour sur fond de chapiteau de cirque. Une funambule, gracieuse et toute de blanc vêtue, subit le joug de ses partenaires de piste : les trapézistes la déséquilibrent, le cracheur de feu veut atteindre la corde sur laquelle elle déambule, le lanceur de couteaux la prend pour cible, on lui crache dessus et on l'enferme dans une boîte pour la transpercer de lames... Mal-aimée, rejetée, elle découvrira néanmoins une personne qui l'aime, une figure paternelle qui lui veut du bien et qui lui offre la liberté.

Paris Match, 6 decembre 2001

J'ai toujours l'impression d'être su

e fil du rasoir

Paris Match, 30 mai 1996

Il est certaines histoires dont

GIORGINO

personne ne souhaite être le héros

il est certaines histoires dont

Base-line du film

ersonne ne … le héros

1994. Rien de signé M.F. chez les disquaires. L'année est au cinéma. Les succès s'enchaînent : *Quatre mariages et un enterrement, Madame Doubtfire, Forrest Gump, Léon, La Reine Margot, La Liste de Schindler* ou encore *Pulp Fiction* qui obtient la palme d'or à Cannes. Et un échec cuisant disparaît des salles obscures, *Giorgino*. À peine soixante mille entrées. Premier film de Mylène, mais deuxième long métrage de Laurent Boutonnat qui en est tout à la fois le producteur, le réalisateur, le co-scénariste (avec Gilles Laurent) et le compositeur.

Ce film, mal-aimé ou mal compris par un public pourtant largement acquis à l'ange rouge, est la seule ombre au tableau d'honneur d'un duo qui a pour habitude de transformer en or tout ce qu'il touche. Les critiques, déchaînés, oublieront un peu vite les ingénieuses – et délicieuses – réalisations des clips de *Libertine* (I et II) ou bien de *Sans contrefaçon*, véritables courts métrages plébiscités par le public et le « milieu ».

Dérouté par la froideur de l'accueil réservé à *Giorgino*, pour lequel il s'était tant investi, l'éminence grise de Mylène se mure dans le silence. Façon poète maudit... Lui, l'hypersensible à l'imagination hors norme.

Né le 14 juin 1961 (la même année que Mylène), Laurent Boutonnat est très tôt attiré par le cinéma. Il quitte l'école à l'âge de quinze ans et réalise deux ans plus tard son premier long métrage, *La Ballade de la féconductrice* qui sera présenté à Cannes en 1979. Suivant les délires d'une jeune fille folle et meurtrière, le spectateur n'a pas d'autre choix que d'assister à une succession de purs moments d'horreur : émasculation, électrocution, nouveau-né jeté aux ordures, meurtres divers et variés en série... Si « gore » qu'il sera interdit aux moins de dix-huit ans. Laurent, lui, n'en a que dix-sept. Mais ce qui est surtout intéressant, c'est que cette première œuvre nous en apprend déjà long sur les fantasmes de son auteur, notamment d'un point de vue religieux. Un prêtre qui castre ses enfants de chœur... et nous revoilà plongés dans l'univers carcéral et pervers du système chrétien vu par Farmer-Boutonnat. Laurent, issu d'une famille catholique pratiquante, a passé son enfance chez les jésuites, bercé, comme ses quatre autres frères, de sermons maternels...

En attendant la sortie nationale de *Giorgino*, la presse et le public piaffent d'impatience. En dehors de ses clips, on a hâte de découvrir les talents d'actrice de Mylène Farmer. Tout le monde parle d'un tournage éprouvant en Slovaquie : cinq mois entre moins dix et moins trente degrés. On attend d'être conquis, subjugué par la nouvelle superproduction, sur grand écran cette fois-ci, de Boutonnat. On murmure des coûts de réalisation frôlant les douze millions d'euros et l'on parle d'un illustre plateau international pour un tournage en anglais. Enfin, Canal+, toujours à la recherche de futurs succès, signe l'exclusivité du film...

Les premiers ingrédients pour réussir l'alchimie parfaite entre une œuvre et son public sont bel et bien réunis. Après un report de date et une coupure franche d'une bonne heure dans le montage – le film durait au départ plus de quatre heures pour être finalement diffusé sur deux heures cinquante-sept –, *Giorgino* sort le 5 octobre. Mylène interprète Catherine Degrâce, une femme-enfant autiste, apeurée et instable. Ce qui n'est pas nouveau... Elle est au centre d'un drame secret : elle seule sait ce qui est arrivé aux orphelins disparus... Le jeune docteur Giorgio Volli (ou Giorgino, interprété par Jeff Dahlgren, un guitariste plutôt rock que Mylène gardera pas mal de temps à ses côtés) enquête sur fond d'hiver éternel, de fin de Première Guerre mondiale, de folie, de sonorités baroques, d'amour impossible et de loup-y-es-tu ?

Fantasmes secrets, drames obscurs, folie destructrice... un cocktail amer que refusera de goûter le public. L'enfant n'y sera pour rien – « C'est pas moi, c'est les loups. C'est pas de ma faute ! » –, protestant de son innocence comme le petit Jean-Jacques accusé d'avoir cassé le peigne de Mlle Lambercier[1].

Mylène non plus, n'y est pour rien. La belle histoire commune se solde finalement en défaite personnelle pour Boutonnat : « Je n'étais qu'actrice dans cette aventure. Cet échec a été très douloureux pour Laurent[2]. » De toute façon, la « happy end » n'était pas prévue.

1. Jean-Jacques Rousseau, *Les Confessions*, Livre I.
2. Interview accordée à *Télé 7 jours*, semaine du 4 novembre 1995.

Catherine Degrâce, après une tentative de suicide et une brève union dans la neige avec son sauveur Giorgio Volli, s'aperçoit que de ses cuisses perle du sang. La jeune fille est devenue femme et ne comprend pas cette transformation... Dans un dernier élan, elle repousse son amant dans le lac gelé.

Je ne me sens bien que dans le froid. Pendant longtemps je ne supportais ni le soleil ni la chaleur.

Elle, 5 avril 1999

Tout au long du film, Giorgino n'aura de cesse de sauver la vie à la frêle et fragile Catherine... Révoltée par la méchanceté des villageoises, cette dernière décide par exemple de souffler tous les cierges de l'église. Or à chacun correspond la vie d'un homme parti au combat, un mari qui a laissé sa femme au village. Foudres des commères qui tentent de la tuer en la rouant de coups... Mais heureusement Giorgio est là qui la prend dans ses bras.

À la base, plus jeune,
je voulais d'abord
faire du cinéma.
Le goût pour la chanson
m'est venu plus tard.

Le rôle titre est interprété par Jeff Dahlgren. Un jeune acteur surtout connu comme guitariste qui a fait ses premières armes dans un groupe grunge puis est devenu l'inséparable musicien depuis 1995 de l'ange rouge.
Réformé après avoir été gazé dans les tranchées de la Grande Guerre, ce médecin décide de revenir s'occuper des enfants quittés avant le conflit. Mais il ne retrouvera pas ces derniers. Déplacés à Chanteloup, dans le Jura, ils auraient été tués par les loups ...

Dès que je m'allonge,
je me sens aspirée
par un grand trou vide.

Mylène Farmer est Catherine Degrâce, une femme-enfant perturbée depuis la mort tragique des enfants. Giorgio est fou d'elle. Mais elle joue tantôt l'aguicheuse, tantôt la désaxée. L'histoire d'amour finira mal…

Seule certitude...

L'armée française a rapatrié les cercueils des hommes de Chanteloup. Seul l'abbé Glaise connaissait la sombre vérité. Les villageoises lui jettent des pierres et tentent, une nouvelle fois, de tuer Catherine... Elle qui avait osé souffler sur les cierges.

France-Soir, 1er octobre 1994

On finit tous les pieds devant.

J’aimerais interpréte

Ou celui de la Fille de Ryan

j’adore ce film

le rôle d'une autiste.

e le regarde sans cesse...

Oh la, février 1992

Toute la journée, elle fait

Non, non, non, non

Personne ne lui a jamais appris

DUOS-DUELS

Qu'on pouvait dire oui

Toute la journée, elle fait Non, non, non, non Personne ne lui a

La Poupée qui fait non

Dans les méandres d'un cimetière abandonné – découvert dans les environs de Budapest –, le couple musical français le plus insolite du début des années 1990 entame une lancinante complainte sur les amours défuntes. Jean-Louis Murat, l'écorché vif aux yeux pâles, sorte d'Heathcliff[1] des temps modernes, rejoint une Mylène aérienne au milieu des tombes et des In Memoriam pour un duo-duel passionnel – « (...) tu sais que / L'hiver et l'automne n'ont pu s'aimer » / « Je me fous des saisons » –, et résolument nostalgique – « Gardons l'innocence / Et l'insouciance / De nos jeux d'antan / Troublants »[2]. Le paradis perdu des amours enfantines, toujours... Sous la caméra de Boutonnat, le couple juxtapose ses voix, se répond en écho, se croise et se décroise... Le mariage sur un mode désespéré de timbres graves et clairs, de noir et de blanc, l'union au-delà de chaque facette du miroir, de chaque côté de la vie, d'êtres jumeaux à jamais seuls au monde. Seuls *Regrets* : nous ne retrouverons plus jamais cette osmose parfaite, cette ambiance de noces crépusculaires entre alter ego, ni avec Murat, ni avec aucun autre. Mais finalement *L'Autre*[3] n'est-il pas le meilleur titre pour accueillir un premier « invité » ?

C'est lors d'une émission de télévision, en octobre 1996, que Mylène inaugure un nouveau duo, étonnant et insolite, avec le chanteur Khaled. D'un côté les larmes, de l'autre, le sourire. L'impensable association de l'éternel hiver et de la chaleur orientale. Tristana au pays du raï ! En 1996, Khaled cartonne avec *Aïcha*[4]. Mais cette année-là a également vu naître sur le petit écran la série *X-Files*...

Pour le titre, Mylène a pensé à une reprise de la célèbre *Poupée qui fait non*[5], de Polnareff. Et le résultat est surprenant. La mélopée s'arabise, le rythme ondoie, la tonalité est gaie, joyeuse, les voix s'unissent parfaitement... le public en raffole. Et Khaled reviendra sur scène accompagner Mylène lors des derniers concerts de sa grande tournée.

Premier à avoir adapté les textes de tradition algérienne aux musiques d'influences étrangères (world music), Khaled ne pouvait finalement que s'accorder à Mylène, la jongleuse de mots, qui puise inlassablement son inspiration dans un espace-temps très large.

Autre dérive, autre époque... Dix ans après *Regrets* et peu avant la sortie de son premier *Best-of Les Mots*[6], Mylène flotte désormais sur des eaux troubles et déchaînées à bord d'un frêle radeau de la *Méduse*. À ses côtés, autre compagnon étonnant, Seal. Le Crazy[7] londonien, fils spirituel de Curtis Mayfield, créateur d'une fusion soul-funk-pop-rock, à la voix suave et enrouée. Seal the Sailor. Filmée en demi-teinte par Laurent Boutonnat – premières retrouvailles depuis *Beyond my control*, duo-duel –, la dyade errante se mue rapidement en un couple que tout sépare. Ils se parlent mais ne se regardent pas, s'aiment mais se rejettent, sont présents mais absents. Lui s'échappe. Elle, laisse la tempête tout emporter... La naïade et le noyé. La fureur des éléments naturels reflète, encore une fois, le désordre passionnel. « Fixement le ciel se tord / Quand la bouche engendre un mort. » Ce single[8] atteindra les records de vente de *Désenchantée*...

Vingt ans de carrière et trois duos seulement. En attendant ceux annoncés – mais nous n'en savons pas plus à l'heure actuelle. On parle beaucoup de Benjamin Biolay, le dandy underground, comme prochain compagnon de gamme. Son filet de voix grave collerait à merveille. On avance même le nom de Lara Fabian – quel choc sonore ! – avec qui Mylène partage le même agent. Sera-t-il encore question de duos-duels, de « Je t'aime moi non plus » ?

« Je suis sincèrement heureuse d'être là, en compagnie de tous ceux qui n'ont jamais cessé de croire en moi. » Au bras de Seal pour la cérémonie des NRJ Music Awards 2002, Mylène Farmer ne cache pas son bonheur de recevoir le prix de l'artiste féminine francophone de l'année.

mots
m'amuser
sonorité
J'aime les mots depuis toujours, leur sonorité et m'amuser av-

oilà tout.

Le clip des *Mots* sera tourné les 8 et 9 octobre 2001 dans les studios d'Arpajon. Laurent Boutonnat nous offre une nouvelle version de l'amour perdu mettant en scène un frêle radeau de la *Méduse*. Les teintes douces, chaudes, sépia de la vidéo ne sont pas sans faire penser à celles du tableau de Géricault.

J'ai toujours en moi l'idée du voyage

Paris Match, 30 mai 1996

On voudrait tellement
que la passion dure
mais la réalité
nous contraint
à dire que
non
ça ne dure pas

Elle, 5 avril 1999

1. Nom du héros des *Hauts de Hurlevent*, d'Emily Brontë, 1847. Nom également d'une société gérée en 1989 par Laurent Boutonnat, co-productrice, avec Polygram, du film *Giorgino*.
2. Single *Regrets*, juillet 1991, Polydor. Clip signé L. Boutonnat (vidéographie *L'Autre*, 1992).
3. Album *L'Autre*, 1991, Polydor.
4. Single *Aïcha*, (J.-J.Goldman), septembre 1996, Barclay-Polygram.
5. Single CD Live sorti en avril 1997, *La Poupée qui fait non* (F. Gérald / M. Polnareff ; arrangements de Y. Cassar)
6. *Best-of Les Mots*, novembre 2001, Polydor-Universal.
7. Single *Crazy*, mars 1991, ZTT/WEA.
8. Single CD *Les Mots*, novembre 2001, Polydor-Universal. Clip réalisé par L. Boutonnat.

De liens en links,

GALAXIE

tissons la toile

MAGNÉTIQUE

de la planète Farmer

De France

à Mylène

Frances Farmer lors d'une énième arrestation pour conduite en état d'ivresse. Artiste adulée, elle n'en demeurait pas moins une femme seule.

Frances Farmer : l'élue

Institut psychiatrique de Steilcoom, Californie. Un jour sans nom entre mai 1945 et mars 1950. Le docteur Walter Freeman, « le psychochirurgien le plus avancé d'Amérique », est seul face à la jeune femme. Celle-ci ne réagit pas. Ou plus. Électrochocs en série, injections d'insuline à hautes doses et à intervalles réguliers, bains d'eau glacée prolongés et à répétition ou autres essais de nouvelles drogues ont eu raison de sa raison. Solidement attachée à son fauteuil, la cobaye semble spectatrice de son propre sort. Freeman, d'une main experte, choisit alors, parmi les instruments médicaux disposés à sa portée, une longue et fine aiguille. Type pic à glace acéré. Il s'approche de la patiente, soulève sa paupière et glisse précisément la lame jusqu'au fond du globe oculaire. Les nerfs reliant le cortex au thalamus sont sectionnés. L'autre œil subira le même sort. Ce jour-là, c'est Frances Farmer qu'on lobotomise.

Mais qui s'en plaindrait ? Sûrement pas sa mère, Lilian, qui a ordonné, sur commission rogatoire, l'internement de sa fille en institution psychiatrique dès le 13 janvier 1943. Folle, sa fille l'est forcément, puisqu'elle ne l'écoute pas, ne fait rien comme tout le monde, refuse d'abjurer ses penchants communistes, cette idéologie « rouge » reniant Dieu et le capitalisme que le maccarthysme a décidé d'éradiquer. Lui faire ça à elle, Lilian, authentique descendante d'un pionnier de l'Ouest, éclaireur-héros de l'armée américaine sur le territoire indien ! Non, sa fille est forcément folle puisqu'elle a toujours tout fait pour gâcher sa vie. Et celle de ses proches.

Jeune fille, déjà, elle s'est attiré les foudres des personnes de bonne moralité de la ville de Seattle – où elle est née en 1913 –, en écrivant un pamphlet coup de tonnerre : *Dieu est mort*. Pour ces bien-pensants, Frances Farmer était et resterait pour toujours la « vilaine fille de Seattle Ouest ».

Pourtant, en huit ans et dix-neuf films, elle a séduit les plus grands acteurs et réalisateurs et conquis le statut très envié d'actrice célèbre du Hollywood des années 1930. Sous le charme de cette blonde au regard polaire, Howard Hawks voyait en elle une nouvelle Dietrich ou une future Garbo. « La meilleure actrice avec qui j'ai travaillé », avouera même le découvreur de stars. Mais Frances n'a jamais voulu entrer dans le jeu des ronds de jambes hypocrites du microcosme cinématographique. Aux pages « people » des magazines, elle préfère la philosophie de Nietzsche. Aux parades-paillettes des réceptions chics, elle préfère les réunions de soutien aux journaliers mexicains oppressés par les riches Californiens. À un jeune premier prometteur, elle préfère un comédien de second plan, Leif Erickon, pour mauvais mari. À l'hygiène de vie hautement diététique et saine défendue par sa mère, elle préfère le whisky pour noyer son âme ... Haïe par un star system qui ne comprend ni sa distance, ni son cynisme, ni ses frasques vestimentaires – elle a osé apparaître en jean et col roulé le soir de la première de *Vandale* d'Howard Hawks ! –, rejetée par une mère qui voulait vivre ses rêves de réussite par procuration, Frances Farmer a sombré dans l'alcoolisme. Et se voit placer de force dans un asile d'aliénés.

Après sept ans de maltraitances, voire de tortures, psychologiques et physiques – elle aurait été attachée, violée, immergée dans des cuves d'eau glacée des journées entières... –, la star est finalement déclarée « saine d'esprit » en 1950. Elle a trente-sept ans. Hollywood, bien sûr, ne l'a pas attendue. Elle n'est plus rien. Elle n'a plus rien. Sauf ses parents, vieillissants, qui la réclament. Pendant trois ans, placée sous tutelle, elle devra s'occuper d'un père et d'une mère qui n'ont jamais essayé de la sortir de l'enfer de Steilcoom. « Je leur pardonne, écrira-t-elle, mais je n'oublie pas. »

Enchaînant petits boulots et sales besognes dans des hôtels pour 75 cents de l'heure, elle réussira néanmoins, mais sans le vouloir, à se faire remarquer par Lee Miskeselle, un impresario travaillant pour la télévision. Frances Farmer revient alors à l'écran, est invitée sur de nombreux plateaux, et obtient même son propre show « Frances Farmer presents ». L'alcool, le seul amour de sa triste vie, aura malheureusement le dessus. De violentes crises d'éthylisme la submergent, la paralysent de plus en plus souvent. Virée de la télévision, elle mourra seule, sans argent, rongée par un cancer de l'œsophage, le 1er août 1970. À cinquante-sept ans.

Jessica Lange, en 1983, incarnera merveilleusement dans *Frances* cette jeune femme talentueuse brisée par la sauvagerie psychiatrique et la machine à rêves hollywoodienne. L'actrice a même confié que c'était le rôle de sa vie, parce que ce n'était pas un rôle, mais une vie.

Un an après la sortie du film, une autre jeune femme apparaît sur nos écrans, forte et fragile à la fois. *Maman a tort*, un titre explicite pour qui connaît l'histoire de Frances. Mylène, en échange de l'emprunt de son patronyme, lui dédiera ce 45 tours.

JULIETTE GRÉCO : *l'effeuilleuse*

Son canaille *Déshabillez-moi* sera repris en 1987 par Mylène. Puis inséré dans le deuxième album *Ainsi soit je...* Une version plus interprétée que chantée, non sans humour.

Les Muses

GALERIE DE PORTRAITS

GRETA GARBO : *la divine*
Exquise et chagrine, Reine et ruine...
La face B de *Libertine* s'intitule *Greta*, en hommage à l'icône de l'absence qui s'est retirée après 1940 pour ne plus jamais réapparaître. Les fans de Mylène appellent ainsi parfois leur idole qui cultive l'art des longues pauses...

MARIE LAFORÊT : *la touchante*
Pour le final de sa première scène (1989), c'est l'émouvante chanson de la fille aux yeux d'or, *Je voudrais tant que tu me comprennes*, qui est choisie. Un titre que Mylène aurait pu écrire.

GALERIE DE PORTRAITS

CHARLES, ALLAN et GUILLAUME : *le cercle des poètes*

L'Horloge de Baudelaire ouvre le deuxième album de Mylène *Ainsi soit je...* On retrouve dans ce dernier *Allan*, une chanson hommage à Edgar Allan Poe avec la reprise de vers qui proviennent de *Ligéia*, une de ses funestes nouvelles (que traduisit Baudelaire). Un single *Allan* sera extrait de la tournée 1989 de Mylène. Sans oublier le « vienne la nuit et sonne l'heure / Et moi je meurs » du titre *California* (album *Anamorphosée*) qui n'est pas sans nous faire penser au célèbre *Pont Mirabeau* d'Apollinaire : « Vienne la nuit, sonne l'heure / Les jours s'en vont, je demeure » (*Alcools*).

SIGMUND FREUD : *la clé*

Le portrait du célèbre psychanalyste clôt le clip de *Maman a tort.* On ne saurait nier que l'œuvre entière de Mylène regorge de Moi, de Ça et de Surmoi...

EGON SCHIELE : *l'artiste maudit*

L'amour et la mort sont liés dans l'œuvre de ce peintre né en Autriche en 1890 et décédé à l'âge de vingt-huit ans, victime de la grippe espagnole, qui emporta également sa jeune épouse... Visages cadavériques, mains torturées aux doigts écartés, sexes au premier plan... il est l'une des figures majeures de l'expressionnisme et Mylène adore.

SOGYAL RINPOCHÉ : *le révélateur*

Rompu à l'art d'initier les Occidentaux aux rites et pensées bouddhistes, ce moine a publié un best-seller, *Le Livre tibétain de la vie et de la mort,* devenu œuvre référence pour Mylène. Elle le remercie même sur l'album *Anamorphosée.*

Les Maîtres

EMIL CIORAN : *la source*

Roumain d'origine devenu Français par amour de la langue de Voltaire, Emil Cioran est connu pour ses écrits et pensées philosophiques féroces sur les mœurs contemporaines. « L'aristocrate du doute » a séduit Mylène par son scepticisme et sa cruelle lucidité. Outre avoir dévoré ses écrits, elle aurait rencontré l'auteur du *Crépuscule des pensées* plusieurs fois... Et ce dernier, à la veille de mourir en 1995, aurait même demandé de ses nouvelles...

Les Pros

HERVÉ LEWIS : *le coach*

Il a entraîné Johnny Hallyday ou Jean Reno avant une « performance ». Et a soumis Mylène à une discipline de fer à la veille de ses trois grands spectacles. Mais il est surtout connu d'un point de vue farmérien par ses apparitions furtives dans les clips : le violeur de *Plus grandir* se fait tuer dès l'ouverture de *Libertine*.

THIERRY MUGLER : *le fidèle*

Depuis les bancs du cours Florent, le créateur de mode a transformé Mylène en petit gavroche dans le clip de *Désenchantée*, en femme glamour et virginale emportée par un cheval de fer pour *XXL*, ou bien en frêle et transparente torturée dans une maison en flammes dans *Souviens-toi du jour*. Entre autres...

ABEL FERRARA : *le désiré*

Les tractations ont été, semble-t-il, assez difficiles... Mais le réalisateur de *Bad Lieutenant* fut sensible à la requête de Mylène et à sa volonté de clip « trash ». Il réussit quand même le pari de la grimer en pute de Sunset Boulevard alors que l'affaire Divine Brown / Hugh Grant était encore dans tous les esprits... *California*, à teneur autobiographique, est un petit bijou de mise en scène.

LUC BESSON : *l'admiré*

Ils se connaissent depuis les années 1980 : Mylène aurait même fait de la figuration pour *Le Der* *Combat*, le premier film du réalisateur. Eté 1991, Mylène se rend, accompagnée de Laurent Bouto sur les glaciers du pôle Nord, répondant à l'invitation du cinéaste qui tourne alors *Atlantis*.

Fin 1992, *Que mon cœur lâche* réclame une vidéo. Laurent Boutonnat étant sur le tournage de *Giorgino*, c'est le créateur du *Grand Bleu* qui s'y colle. En quatre jours, la boucle est boucl l'ange envoyé par Dieu sur terre fait un triste constat sur les mœurs humaines.

MARC LÉVY : *Et si c'était vrai ?*

Cet écrivain à succès a souvent été vu en compagnie de Mylène. Elle a illustré la couverture de son roman *Où es-tu ?* (Robert Laffont) d'un de ses dessins au trait délicat. Le livre lui-même est dédié à M... L'exergue ? Une phrase d'Orson Welles : « Seuls l'amour et l'amitié comblent la solitude de nos jours. Le bonheur n'est pas le droit de chacun, c'est un combat de tous les jours. Je crois qu'il faut savoir le vivre lorsqu'il se présente à nous. » Aux dernières nouvelles, les deux amis seraient en train de travailler sur un film dont le tournage se ferait au Canada. Un premier film pour Marc Lévy et un deuxième grand rôle pour Mylène.

AMÉLIE NOTHOMB : *la sœur*

« La fascination que suscite Mylène Farmer a quelque chose à voir avec le culte. Elle m'a intriguée dès ma grande adolescence. (...) Même si elle essaie d'être chaleureuse, vous sentez qu'elle est prisonnière d'elle-même, comme retenue, malgré elle, derrière une couche de glace. »

Elles se rencontrent le 22 décembre 1995, dans l'un des salons douillets du Crillon. *Vogue* Allemagne a proposé à l'écrivain belge de choisir une personnalité afin de l'interviewer. C'est Mylène Farmer qui fera l'objet de toutes ses questions et attentions. Une après-midi à part... Le soir, elles dîneront même ensemble dans un restaurant japonais. Ah ! Mylène et les sushis...

Les Intellos

SALMAN RUSHDIE : *le respect*

« Ses textes, entre mélancolie et sensualité, souffrance et abandon, m'émeuvent. Sa voix, moitié de ce monde, moitié d'ailleurs, est étonnante, c'est la voix d'un ange déchu. »

L'auteur des *Versets sataniques* soumis à une fatwa et l'ange rouge se seraient rencontrés à Londres, en 1995, lors du vernissage de Francesco Clemente. Ou bien à Paris, lors de l'exposition parisienne des œuvres du père de Robert De Niro, intime de Rushdie... La rencontre en tout cas aurait débouché sur une longue correspondance entre les deux nouveaux amis. Et Salman Rushdie, qui ne savait pas que Mylène était si connue, est venu assister à la deuxième représentation parisienne du Mylenium Tour.

timides

On est timides et réservées toutes les deux et on s'est bien trouvées

réservées

Propos de la lolycéenne au Parisien, le 24 février 2003

L'élève

ALIZÉE : *née un 4 juillet*

« Moi je m'appelle Lolita / Coléreuse et pas mi-coton mi-laine »

Deux fois finaliste – avec *Ma prière* d'Axelle Red (tiens, une autre rousse) – de l'émission « Graines de star » présentée par Laurent Boyer qui avait eu le privilège de se rendre sur le tournage de *Désenchantée* pour interviewer Mylène, Alizée aurait dû mettre son titre en jeu une troisième fois... Mais entre-temps la fée Mylène est passée par là. Avec *Moi Lolita...*, sorti le 4 juillet 2000, la femme-enfant enflamme les cœurs adolescents et les ventes. Adoptée artistiquement par l'ange rouge, pour la plume et le look, et Laurent Boutonnat, pour la musique et la réalisation, Alizée enchaîne gentiment, depuis, quelques petits succès et consécrations. Pour sa première scène parisienne à l'Olympia, le mardi 26 août 2003, Mylène était tranquillement installée au balcon pour supporter sa protégée. Non sans créer quelques remous au sein du public.

Les Fans

Ma plus belle histoire d'amour, c'est vous.

on se sent totalement dépossédé de mots et de moyens On culpabilise forcément

FAN, FANATIQUE

Un fait divers pas ordinaire. Le mercredi 13 novembre 1991 est une journée maussade et quelconque pour la plupart des gens. Sur la planète Farmer, c'est un jour tragique. Ce mercredi 13 novembre 1991, un Nancéen de trente-sept ans, employé des postes, décide de rouler non-stop jusqu'à Paris, pour se rendre au siège de la maison de disques de Mylène. Dans son coffre, un fusil de guerre acheté des années auparavant par correspondance. Dans sa poche, quelque cinquante cartouches... Désespéré de ne jamais recevoir de réponse aux nombreuses lettres adressées à son idole rousse, il a décidé de se venger des employés de sa maison de disques. Ce sont eux, forcément, qui l'empêchent de vivre cette relation épistolaire, eux qui l'empêchent de « lui » parler. Il veut « faire un carnage »[1].

À peine le seuil franchi, un coup part. Ce mercredi 13 novembre 1991, le réceptionniste a vingt-sept ans. Mortellement atteint, le jeune homme décédera dans la nuit. Plus rien n'arrête désormais le tireur qui gravit rapidement les étages en quête de nouvelles victimes à sacrifier sur l'autel de sa folie. Se retrouvant face à deux jeunes femmes effrayées, le fanatique décide de les tuer, elles aussi. Sans ciller, il recharge son arme, les vise et... tire. Miracle, aucune balle ne part. Le vieux fusil s'est enrayé. Pris de panique, le postier tente alors de fuir. Mais la police, alertée entre-temps, le prend en chasse et finit par le coincer. Hagard, replié sur lui-même, il avait trouvé refuge dans un bureau. L'homme était suivi en psychanalyse depuis l'âge de douze ans.

Jamais en France un tel drame n'était arrivé. Jamais une star n'avait eu à subir une telle tragédie. Pourtant Mylène Farmer a toujours refusé de se protéger outre mesure. Même si, et l'histoire le prouve fatalement avec John Lennon, le lien peut être fragile entre fan et fanatisme.

1. Le Parisien du 14 novembre 1991.

Cette mort est tellement injuste...

Oh la, février 1992

J'espère qu'ils ont autre chose dans la vie que leur passion pour moi. Pour cette raison, j'ai toujours refusé l'idée d'un fan club.

Fans, fantastiques

À des années-lumière de ce lugubre mercredi 13, la planète des fans de Mylène Farmer gravite en apesanteur et à l'aveugle autour d'un culte fervent et sincère. C'est singulier, unique, élitiste.

En apesanteur, parce qu'en toute légèreté, ne pouvant s'accrocher à quelque fan club officiel – elle n'a jamais voulu en créer un –, l'admirateur farmérien navigue sur le Net, de sites informatifs en sites déclaratifs. Mais tous affichent une réelle recherche esthétique.

En aveugle, parce qu'il faut bien avouer que, préférant l'absence à l'exposition médiatique, le silence aux réponses toutes faites, l'intimité aux dîners de gala, l'ange rouge ne facilite pas le passage de l'information...

Malgré tout, se transformant en enquêteurs avisés, les fans finissent toujours par recouper leurs sources. Mylène est à Paris, elle prépare un nouvel album, va sortir une compil', prépare un film... Chaque événement farmérien est épluché, disséqué, analysé. La plus grande peur restant que plus rien ne se passe. Que tout s'arrête. Mylène n'a-t-elle pas annoncé : « Je partirai avant de lasser... » ? Pour l'heure, rien de tel. Mais que l'attente est longue ! À quand une prochaine tournée... Une nouvelle grand-messe live pour enfin revoir la déesse. Va-t-elle changer de coiffure, de look ? En 1991, bien des fans ne lui ont pas pardonné d'avoir coupé ses belles et longues boucles rousses. Quel sera son style ? Le bouddhisme va-t-il la transformer ? Allons-nous la reconnaître, et surtout nous reconnaître en elle ? Autant de questions qui n'auront de réponses qu'au retour « officiel et programmé» de la star. Car rien ne filtre avant qu'elle ne l'ait décidé. Le contrôle absolu. Tyrannique Mylène ? D'aucuns répondraient qu'elle est propriétaire de sa vie, de son image. Sans jamais l'autoriser ouvertement, elle tolère néanmoins que l'on « crée » autour d'elle. Un seul mot d'ordre : le respect. Par peur de déplaire, de contrarier ou peut-être d'enfreindre un pacte secret, des ouvrages sur Mylène Farmer paraissent non pas avec une photo d'elle en couverture mais un dessin plus ou moins ressemblant ou bien encore une obscure salle de concert. Un véritable tabou.

Seules, deux revues – qui existent sous condition de ne jamais divulguer le jardin privé de la star – paraissent en kiosque : *Mylène Farmer Magazine* et *Instant Mag*.

Enfin, le cœur battant de ce réseau, qui va s'accroissant entre chaque silence de l'idole, est l'exclusivité dont elle fait l'objet. Comme si chaque fan avait tissé un lien personnel avec l'artiste. En cela, cette correspondance est unique, fascinante. L'astre farmérien, d'ailleurs, semble mériter une telle dévotion. Alizée d'accord, mais Mylène d'abord. Boutonnat évidemment, mais Farmer passionnément.

Je ne réponds pas au courrier, en ce sens que je n'entretiens pas de correspondance. Je renvoie une dédicace à ceux qui me le demandent.

VSD, 5 décembre 1996

DESSINE-MOI

Le ciel est vide

UN MOUTON

sans imagination

st vide sans imagination

Mylène n'a jamais caché son goût pour l'art pictural – on sait qu'elle prenait des cours de peinture en 1990 – ni son joli coup de crayon. Bien avant sa première œuvre, *Lisa-Loup et le conteur*, la belle a semé le long de sa carrière, tel le Petit Poucet, de jolis croquis à la patte très personnelle. Qui ne sont pas néanmoins sans rappeler ceux de Saint-Ex auquel elle se réfère directement dans *Dessine-moi un mouton*, premier single extrait du *Mylenium Tour*. Le Petit Prince et la reine rousse... Les pochettes seront évidemment parées de dessins signés M.F. Plus anecdotique, la B.O. du dessin animé *Rugrats in Paris* (*Les Razmokets à Paris*) est auréolée d'une chanson écrite et interprétée par l'ange rouge, *L'Histoire d'une fée, c'est...*[1] (entendre d'une fessée, bien sûr). Mais le lien se resserre à la sortie, en novembre 2001, du roman de Marc Lévy *Où es-tu ?* Estampillé M.F., le trait représente une fillette de face, redingote trop grande et chaussettes gondolantes sur pieds croisés, tenant un ballon rouge... En quatrième de couverture, c'est triste, il s'envole...

Nous retrouverons ce trait, délicat, fragile, dans le film d'animation de *C'est une belle journée*. Un titre proposé dans le best-of *Les Mots*, sorti le 27 novembre 2001, puis en single en avril 2002.

Ces jalons nous conduisent inexorablement au « conte pas ordinaire, pour lecteurs (très) téméraires » de Mylène, sorti le 22 avril 2003, aux éditions Anne Carrière. De ce premier livre, nous savons peu de chose. L'ange rouge aurait commencé à l'écrire en janvier 2002 pour le mener de main de maître jusqu'au bout, accompagnée de son équipe. Elle aurait également prévenu qu'aucune promotion ne serait faite. L'histoire ? Humaine, tendre et décalée à la fois. La conteuse nous invite à découvrir Lisa, une petite fille qui souffre de solitude depuis la disparition de sa grand-mère. Grâce à sa rencontre avec Loup, un petit garçon frêle, la fillette entraperçoit de nouveaux horizons. Ensemble, ils feront un grand voyage imaginaire empreint de philosophie, où l'on croise de drôles de personnages dont un lapin, une araignée et un bien étrange conteur. Sur fond d'amitié, c'est la vie déroulée dans toutes ses humeurs et son humour que nous offrent les dessins et les textes de Mylène.

Écrire, c'est à la fois un viol et une jouissance.

France-Soir, 19 novembre 1988

Le temps n'appartient à personne

Ballet d'étoiles

SHOWS XXL

Insaisissables

Le temps n'appartient à personne Ballet d'étoiles Insaisis

Instant présent tu es l'essence

Du voyage

les instant présent tu es l'essence du voyage

1989
ENCENS ET CENDRES

En 1988, après l'énorme succès de son deuxième album *Ainsi soit je...*, Mylène annonce sa première scène (deux heures de show !) pour mai 1989, au Palais des Sports. Émoi parmi les fans qui attendent ardemment l'ouverture des guichets. Après un premier tour de chauffe le 11 mai à Saint-Étienne, Paris s'éveille le 18... et c'est le succès. Le Palais des Sports fera salle comble jusqu'au 25. Sur l'affiche, les grilles d'un cimetière entrouvertes par la chanteuse. Sur scène, les décors de Hubert Monloup, scénographe spécialisé dans l'opéra et le théâtre, recomposent ce cimetière gardé par un moine encapuchonné. La tournée commence – après une longue pause vacances qui a conduit Mylène jusqu'en Inde –, le 19 septembre à Grenoble. De villes fébriles en salles enflammées, les concerts s'achèveront à Paris-Bercy les 7 et 8 décembre 1989. L'album du Live sortira le jour de la dernière. Clin d'œil : le spectacle est sponsorisé par NRJ et Coca-Cola. Or, la belle rousse interrogée un an auparavant par l'hebdomadaire *Télé 7 jours*[1] sur sa préparation physique avouait : « Finies les folies Coca-Cola » !

1996
STRASS ET STRESS

Costumes de Paco Rabanne, lasers, pyrotechnie dernière pointe, troupe de danseurs new-yorkaise (sauf deux fidèles français), écran géant, décors gigantesques (dont une araignée surdimensionnée), chorégraphies infernales... Mylène a une vision grand large de son show, empruntant à l'Amérique l'art de la mise en scène, la rigueur et la démesure. Mais sans gommer la sensibilité extrême qu'on lui connaît. Les répétitions ont d'abord lieu aux États-Unis, puis à Toulon, pendant la dernière décade avant le grand coup d'envoi au Zénith de cette même ville. Le 25 mai 1996, Mylène, coiffure ananas et tenues futuristes, entre en scène rayonnante, en véritable star adulée par des milliers de personnes. Les rendez-vous se poursuivent sous les meilleurs auspices jusqu'au 15 juin. Là, à Lyon, alors qu'elle entame son final, la chanteuse tombe d'une balustrade. Verdict : fracture ouverte du poignet. Les spectacles sont aussitôt annulés. La tournée ne reprendra qu'en novembre pour s'achever à Paris le 15 décembre. Ironie du sort, les fans se consoleront entre-temps avec le single *Comme j'ai mal*, sorti en août.

1999 - 2000
La mylène ère

Pour célébrer l'avènement de l'an 2000, Mylène Farmer prépare son Mylenium Tour. Dates initialement prévues : du 21 septembre à Marseille au 13 décembre 1999 à Paris-Bercy. Mais le succès sera tel qu'elle prolongera sa tournée avec une vingtaine de shows jusqu'au 8 mars 2000, en Russie.

Pourtant, les débuts seront difficiles... Sous le Dôme de Marseille, le soir de la première, c'est une Mylène angoissée et fatiguée qui entre en scène. Avec des défaillances techniques qui parasitent le spectacle. On la pensait habillée par John Galliano, mais la belle rousse et le couturier n'ayant pas fait « affaire », c'est Dominique Borg – styliste spécialisée dans le costume d'époque et qui réalisera notamment ceux du *Pacte des loups* – qui crée les tenues de l'ange rouge. Un sur-mesure un peu trop ajusté par endroits... Enfin, grosse ombre au tableau : Laurent Boutonnat ne fait pas partie de la distribution.

Mais le décor est somptueux. Une Isis gigantesque, illustre déesse égyptienne symbole d'amour, de rédemption et mère de la nature vivante, apparaît, centrale, parée de lumières chaudes et douces. Une divinité recréée d'après l'imagination débridée de l'artiste suisse surréaliste H.R. Giger, créateur notamment du monstre spatial *Alien*.

Telle une apparition, Mylène émerge de la tête d'Isis et, à grand renfort de câbles, s'envole... Selon l'évolution du show, les lumières se porteront sur la main, les yeux ou les lèvres de la déesse magistrale.

La boucle sera donc bouclée en Russie, avec deux dates à L'Olimpiski de Moscou, une autre au SKK Arena de Saint-Pétersbourg et enfin une soirée à Kiev, mais qui sera finalement annulée. Adulée en Europe, Mylène Farmer est également très appréciée dans les pays de l'Est. Là où elle tourna *Giorgino* et de nombreux clips. Là où elle renoue avec l'hiver éternel de ses débuts.

1. *Télé 7 jours*, octobre 1988.

Mon spectacle est dans la tradition américaine. J'avais besoin de leur stature, de leur **métissage**.

1996

En combinaison fluide et ajustée, Mylène entame un final magistral avec *XXL*, debout sur un podium cerclé d'acier comme pour symboliser un train infernal.

Paris Match, 30 mai 1996

2000

Faux-cul, bas pailletés et veste moirée, l'ange rouge s'éclate sur *Optimistique-moi*.

1996

Aérienne et sexy en diable,
Mylène ouvre le show
avec un étourdissant *Vertige*.

2000

La scène est un vertige qui vous porte vers le haut.
J'aime son côté sensuel, foudroyant.
C'est comme un orgasme.

Paris Match, 30 mai 1996

À gauche, posée sur une balançoire digne d'un château gothique, la chanteuse nous berce et nous rock avec *Dessine-moi un mouton*.

À droite, l'heure est au recueillement, à l'émotion, quand elle interprète *Pas le temps de vivre*.

J'ai peur de l'intimité avec le public

Jours de France, 23 avril 1988

2000

Un pur moment de grâce, de fluidité,
de transparence... c'est l'*Innamoramento*.

2000

À gauche, Mylène, en imper de skaï noir, menace dans *Méfie toi*, alors qu'à droite, elle invite à « l'optimistication ».

L'Âme-
c'est Beyond
je préfère Rêver qu'Il n'y

Stram-Gram

ny control,

pas d'ailleurs...

1996

Sensuelle en plate-forme boots et gants de satin, assise sur un fauteuil version *Alice au pays des merveilles*, pour une *Libertine* très Crazy Horse des années 1990.

2000

À gauche, Mylène s'approche de la main d'Isis pour entamer, seule, ses *Regrets*.
À droite, en robe longue, fendue et écarlate, elle crée l'émotion avec les titres *Je te rends ton amour* et *Souviens-toi du jour*.

2000

De pensive solitaire
pour *Il n'y a pas d'ailleurs*,
Mylène entre dans la danse
avec *Méfie-toi*.

2000

Moment attendu, le medley des titres qui l'ont rendue célèbre… Et *Pourvu qu'elles soient douces* mérite bien un défilé…

C'est une belle journée

HORS CADRE

Je vais me coucher
Une si belle journée
Qui s'achève

belle journée Qui s'achève

L'Âme-Stram-Gram. Présent sur le tournage en Chine, Claude Gassian nous offre ce cliché d'une Mylène asiatique très concentrée par les rushes du cinéaste chinois Ching Siu Tung.

Séance de maquillage avant de tourner le duel qui inaugure le court métrage de *Libertine*. Au côté de Mylène, sa doublure équestre pour des cascades réglées par Philippe Guégan.

La vidéo de *Sans contrefaçon* sera tournée sur les plages de Cherbourg. La comédienne Zouc y fait une apparition pour ne plus jamais revenir ni sur scène, ni sur les écrans… 700 000 singles auraient été écoulés et le titre s'est maintenu pendant 23 semaines au Top 50, y atteignant même la seconde place.

Zouc est insaisissable,
c'est une sorcière…
Quand je l'ai vue au théâtre,
les gens riaient sans cesse.
J'avais envie de pleurer.

Gepetto (alias Frédéric Lagache) s'aperçoit que son pantin de bois est transformé en jeune enfant de chair et d'os. Il le relève du sable, vivant, avec le même soin qu'il l'avait repêché, pantin, d'une flaque de boue. Et lui pose un baiser sur la bouche. Mais le miracle ne dure pas, car déjà la roulotte des gens du voyage s'éloigne... et le petit être redevient marionnette.
Au grand désespoir de son créateur.

Photographiée par Claude Gassian en coulisses du clip d'*Optimistique-moi*, Mylène nous présente en l'an 2000 un nouveau scénario réalisé par Michael Haussman.

J'ai moi aussi encore des moments noirs des instants de dépression

Mais je suis désormais attirée vers le haut e

Gala, 30 mai 1996

la lumière

Échauffement et recueillement, up and down, dans les coulisses de la vidéo d'*Optimistique-moi*.

Perché sur une échelle, l'oiseau mylénaire semble sur le point de s'envoler, lors de cette séance photo pour la promotion du Mylénium Tour.

Dans les studios d'Arpajon, Mylène, en petite robe noire et col Mao, fait une pause make-up entre deux déferlantes... Pour la vidéo *Les Mots*, l'ange rouge subira seule l'assaut des vagues sur son frêle radeau. Car Seal, ne pouvant se déplacer à Paris, sera filmé, en solo, à Los Angeles. C'est donc une doublure du chanteur britannique qui essuiera les affres de la noyade. Notons également le grand retour de Laurent Boutonnat en tant

ALBUMS
PLAISIRS SIMPLES
FILM
CLIPS TORRIDIENS
LASERS DISCS

ALBUMS

Les grands classiques

1. « CENDRES DE LUNE »

Sortie : début 1986 (1re version) et avril 1987 (2e version).
Maison de disques : Polydor.
Production, arrangements et réalisation : Laurent Boutonnat.
Editions : Bertrand Le Page et Polygram Music.
Certification : double disque de platine.

1) *Libertine* (3'49)
(Laurent Boutonnat / Jean-Claude Déquéant)

2) *Au bout de la nuit* (4'21)
(Mylene Farmer / Laurent Boutonnat)

3) *Vieux bouc* (5'38)
(Laurent Boutonnat)

4) *Tristana* (4'35)
(Mylene Farmer / Laurent Boutonnat)

5) *Chloé* (2'35)
(Laurent Boutonnat)

6) *Maman a tort* (4'04)
(Laurent Boutonnat-Jérôme Dahan / L. Boutonnat-J. Dahan)

7) *We'll never die* (4'15)
(Laurent Boutonnat)

8) *Greta* (4'48)
(Laurent Boutonnat)

9) *Plus grandir* (4'04)
(Mylene Farmer / Laurent Boutonnat)

10) *Libertine* (5'53)
Remix Special Club

11) *Tristana* (7'10)
Remix Club

12) *Cendres de lune* (1'47)
(Laurent Boutonnat)

2. « AINSI SOIT JE... »

Sortie : avril 1988.
Maison de disques : Polydor.
Production, arrangements et réalisation : Laurent Boutonnat.
Editions : Bertrand Le Page et Polygram Music.
Certification : Disque de diamant.

1) *L'Horloge* (5'03)
(Charles Baudelaire / Laurent Boutonnat)

2) *Sans contrefaçon* (4'07)
(Mylene Farmer / Laurent Boutonnat)

3) *Allan* (4'46)
(Mylene Farmer / Laurent Boutonnat)

4) *Pourvu qu'elles soient douces* (4'52)
(Mylene Farmer / Laurent Boutonnat)

5) *La Ronde triste* (4'13)
(Mylene Farmer / Laurent Boutonnat)

6) *Ainsi soit je...* (6'12)
(Mylene Farmer / Laurent Boutonnat)

7) *Sans logique* (4'30)
(Mylene Farmer / Laurent Boutonnat)

8) *Jardin de Vienne* (5'17)
(Mylene Farmer / Laurent Boutonnat)

9) *Déshabillez-moi* (3'45)
(Robert Nyel / Gaby Verlor)

10) *The Farmer's Conclusion* (2'15)
(Laurent Boutonnat)

3. « L'AUTRE »

Sortie : avril 1991.
Maison de disques : Polydor.
Production, arrangements et réalisation : Laurent Boutonnat.
Editions : Requiem Publishing et Paul Van Parys.
Certification : disque de diamant.

1) *Agnus Dei* (5'47)
(Mylene Farmer / Laurent Boutonnat)

2) *Désenchantée* (5'22)
(Mylene Farmer / Laurent Boutonnat)

3) *L'Autre* (5'26)
(Mylene Farmer / Laurent Boutonnat)

4) *Je t'aime mélancolie* (5'29)
(Mylene Farmer / Laurent Boutonnat)

5) *Psychiatric* (6'12)
(Mylene Farmer / Laurent Boutonnat)

6) *Regrets* (5'17)
(Mylene Farmer / Laurent Boutonnat)

7) *Pas de doute* (5'09)
(Mylene Farmer / Laurent Boutonnat)

8) *Il n'y a pas d'ailleurs* (5'50)
(Mylene Farmer / Laurent Boutonnat)

9) *Beyond my control* (5'22)
(Mylene Farmer / Laurent Boutonnat)

10) *Nous souviendrons-nous* (5'05)
(Mylene Farmer / Laurent Boutonnat)

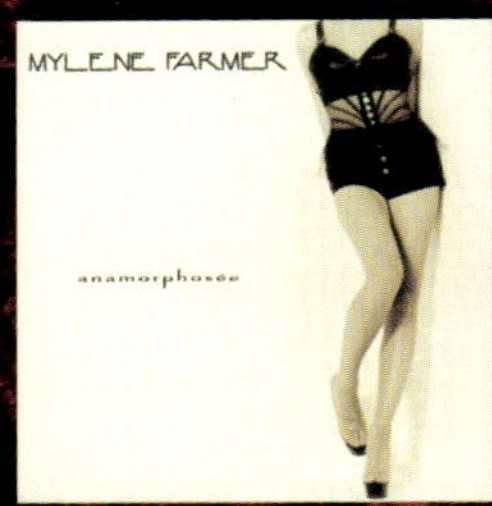

4. « ANAMORPHOSÉE »

Sortie : octobre 1995.
Maison de disques : Polydor.
Production, arrangements et réalisation : Laurent Boutonnat.
Editions : Requiem Publishing et Paul Van Parys.
Certification : disque de diamant.

1) *California* (4'58)
(Mylene Farmer / Laurent Boutonnat)

2) *Vertige* (5'26)
(Mylene Farmer / Laurent Boutonnat)

3) *Mylene s'en fout* (4'30)
(Mylene Farmer / Laurent Boutonnat)

4) *L'instant X* (4'45)
(Mylene Farmer / Laurent Boutonnat)

5) *Eaunanisme* (5'05)
(Mylene Farmer / Laurent Boutonnat)

6) *Et tournoie...* (4'28)
(Mylene Farmer / Laurent Boutonnat)

7) *XXL* (4'25)
(Mylene Farmer / Laurent Boutonnat)

8) *Rêver* (5'20)
(Mylene Farmer / Laurent Boutonnat)

9) *Alice* (5'20)
(Mylene Farmer / Laurent Boutonnat)

10) *Comme j'ai mal* (3'50)
(Mylène Farmer / Laurent Boutonnat)

11) *Tomber 7 fois* (4'50)
(Mylène Farmer)

12) *Laisse le vent emporter tout* (4'00)
(Mylène Farmer / Laurent Boutonnat)

5. « INNAMORAMENTO »

Sortie : avril 1999.
Maison de disques : Polydor
Production, arrangements et réalisation : Laurent Boutonnat.
Éditions : Requiem Publishing et Paul Van Parys pour Stuffed Monkey.
Certification : disque de diamant.

1) *L'Amour naissant* (4'55)
(Mylène Farmer / Laurent Boutonnat)

2) *L'Âme-stram-gram* (4'19)
(Mylène Farmer / Laurent Boutonnat)

3) *Pas le temps de vivre* (5'12)
(Mylène Farmer)

4) *Dessine-moi un mouton* (4'34)
(Mylène Farmer / Laurent Boutonnat)

5) *Je te rends ton amour* (5'09)
(Mylène Farmer / Laurent Boutonnat)

6) *Méfie-toi* (5'25)
(Mylène Farmer)

7) *Innamoramento* (5'20)
(Mylène Farmer / Laurent Boutonnat)

8) *Optimistique-moi* (4'19)
(Mylène Farmer)

9) *Serais-tu là ?* (4'40)
(Mylène Farmer)

10) *Consentement* (4'35)
(Mylène Farmer / Laurent Boutonnat)

11) *Et si vieillir m'était conté* (4'50)
(Mylène Farmer)

12) *Souviens-toi du jour...* (4'55)
(Mylène Farmer / Laurent Boutonnat)

13) *Mylénium* (5'20)
(Laurent Boutonnat)

Mylène mise en scène

1. « EN CONCERT »

Sortie : décembre 1989.
Production, arrangements et réalisation : Laurent Boutonnat.
Maison de disques : Polydor.
Éditions : Bertrand Le Page et Polygram Music.
Ventes : plus de 600 000 exemplaires.
Certification : double disque de platine.
Nombre de singles issus : 3 (*A quoi je sers* (mais non en live), *Allan* live et *Plus grandir* live.)
Photos : Marianne Rosensthiel.
Musiciens : Bruno Fontaine (*claviers*), Yves Sanna (*batterie*), Philippe Drai (*percussions*), Slim Pezin (*guitares*), Christian Padovan (*basse*), Jean-Philippe Audin (*violoncelle*).
Chœurs : Carole Fredericks et Beckie Bell.
Mixage : Thierry Rogen.

CD 1

1) *Prologue* (6'00)
(Laurent Boutonnat)

2) *L'Horloge* (4'30)
(C. Baudelaire / L.Boutonnat)

3) *Plus grandir* (4'50)
(Mylène Farmer / L. Boutonnat)

4) *Sans logique* (5'06)
(M. Farmer / L. Boutonnat)

5) *Maman a tort* (6'20)
(L. Boutonnat et Jérôme Dahan)

6) *Déshabillez-moi* (3'45)
(Robert Nyel / Gaby Verlor)

7) *Puisque* (8'15)
(M. Farmer / L.Boutonnat)

8) *Pourvu qu'elles soient douces* (8'58)
(M. Farmer / L.Boutonnat)

9) *Allan* (6'50)
(M. Farmer / L.Boutonnat)

CD 2

1) *A quoi je sers...* (5'05)
(M. Farmer / L.Boutonnat)

2) *Sans contrefaçon* (6'10)
(M. Farmer / L.Boutonnat)

3) *Jardin de Vienne* (5'30)
(M. Farmer / L.Boutonnat)

4) *Tristana* (8'00)
(M. Farmer / L.Boutonnat)

5) *Ainsi soit je...* (7'42)
(M. Farmer / L.Boutonnat)

6) *Libertine* (12'00)
(Jean-Claude Dequeant / L. Boutonnat)

7) *Mouvements de Lune part I* (4'22)
(Laurent Boutonnat)

8) *Je voudrais tant que tu comprennes* (4'12)
(G. Pirault / Francis Lai)

9) *Mouvements de Lune part II* (5'00)
(Laurent Boutonnat)

2. « LIVE A BERCY »

Sortie : mai 1997.
Production, arrangements et réalisation : Laurent Boutonnat.
Maison de disques : Polydor.
Éditions : Toutankhamon et Paul van Parys.
Ventes : plus de 900 000 exemplaires.
Certification : triple disque de platine.
Nombre de singles issus : 2 (*La Poupée qui fait non live* et *Ainsi soit je...* live.)
Photos : Claude Gassian.
Musiciens : Yvan Cassar (*claviers et direction musicale*), Abraham Laboriel Jr (*batterie*), Suzie Davis (*claviers et percussions*), Jeff Dahlgren (*guitare*), Brian Ray (*guitare*), Jerry Watts Jr (*basse*).
Chœurs : Carole Rowley et Esther Dobong'Na Essienne.
Mixage : Bertrand Châtenet.

CD 1

1) *Ouverture* (4'45)
(Laurent Boutonnat)

2) *Vertige* (6'20)
(M. Farmer / L. Boutonnat)

3) *California* (7'30)
(M. Farmer / L. Boutonnat)

4) *Que mon cœur lâche* (4'35)
(M. Farmer / L. Boutonnat)

5) *Et tournoie...* (4'30)
(M. Farmer / L. Boutonnat)

6) *Je t'aime mélancolie* (5'20)
(M. Farmer / L. Boutonnat)

7) *L'Autre* (5'50)
(M. Farmer / L. Boutonnat)

8) *Libertine* (5'40)
(L. Boutonnat / J.-C. Dequeant)

9) *L'Instant X* (9'36)
(M. Farmer / L. Boutonnat)

10) *Alice* (5'25)
(M. Farmer / L. Boutonnat)

CD 2

1) *Comme j'ai mal* (4'35)
(M. Farmer / L. Boutonnat)

2) *Sans contrefaçon* (4'20)
(M. Farmer / L. Boutonnat)

3) *Mylène s'en fout* (4'45)
(M. Farmer / L. Boutonnat)

4) *Desenchantee* (8'15)
(M. Farmer / L. Boutonnat)

5) *Rêver* (8'00)
(M. Farmer / L. Boutonnat)

6) *Laisse le vent emporter tout* (6'25)
(M. Farmer / L. Boutonnat)

7) *Tomber 7 fois* (6'00)
(Mylène Farmer)

8) *Ainsi soit je...* (5'00)
(M. Farmer / L. Boutonnat)

9) *La Poupée qui fait non* (4'30)
(F. Gerald / M. Polnareff)

10) *XXL* (7'00)
(M. Farmer / L. Boutonnat)

3. « MYLENIUM TOUR »

Sortie : decembre 2000.
Arrangements et realisation : Yvan Cassar.
Maison de disques : Polydor.
Editions : Requiem Publishing et Paul van Parys pour Stuffed Monkey.
Ventes : plus de 700 000 exemplaires.
Certification : double disque de platine.
Nombre de singles issus : 1 (*Dessine-moi un mouton*).
Photos : Claude Gassian.
Musiciens : Yvan Cassar (*claviers et direction musicale*), Abraham Laboriel Jr (*batterie*), Eric Chevalier (*claviers*), Jeff Dahlgren (*guitare*), Brian Ray (*guitare*), Jerry Watts Jr (*basse*).
Chœurs : Johanna Manchec-Ferdinand et Esther Dobong'Na Essienne.
Mixage : Bertrand Châtenet.

CD 1

1) *Mylenium* (6'10)
(L. Boutonnat)

2) *L'Amour naissant* (5'28)
(M. Farmer / L. Boutonnat)

3) *L'Âme-stram-gram* (6'00)
(M. Farmer / L. Boutonnat)

4) *Beyond my control* (5'18)
(M. Farmer / L. Boutonnat)

5) *Rêver* (5'36)
(M. Farmer / L. Boutonnat)

6) *Il n'y a pas d'ailleurs* (5'19)
(M. Farmer / L. Boutonnat)

7) *Mylène is calling* (2'15)
(M. Farmer / L. Boutonnat)

8) *Optimistique-moi* (4'36)
(M. Farmer)

9) *Medley* (6'48)
(M. Farmer, L. Boutonnat, J. Dahan / L. Boutonnat, J. Dahan, J.-C. Dequeant)

10) *Regrets* (5'12)
(M. Farmer / L. Boutonnat)

CD 2

1) *Desenchantee* (7'12)
(M. Farmer / L. Boutonnat)

2) *Mefie-toi* (5'40)
(M. Farmer)

3) *Dessine-moi un mouton* (4'50)
(M. Farmer / L. Boutonnat)

4) *California* (5'27)
(M. Farmer / L. Boutonnat)

5) *Pas le temps de vivre* (8'28)
(M. Farmer)

6) *Je te rends ton amour* (5'15)
(M. Farmer / L. Boutonnat)

7) *Souviens-toi du jour...* (7'47)
(M. Farmer / L. Boutonnat)

8) *Dernier sourire* (4'53)
(M. Farmer / L. Boutonnat)

9) *Innamoramento* (6'13)
(M. Farmer / L. Boutonnat)

Petits arrangements entre amis

1. « DANCE REMIXES »

Sortie : decembre 1992.
Production, arrangements et realisation : Laurent Boutonnat.
Maison de disques : Polydor.
Editions : Requiem Publishing et Polydor.
Ventes : plus de 200 000 exemplaires.
Certification : double disque d'or.
Nombre de singles issus : 2 (*Que mon cœur lâche* et *My soul is slashed*).
Photos : Marianne Rosensthiel.
Mixage : Thierry Rogen et Laurent Boutonnat.

CD 1

1) *We'll never die* (7'30)
(Techno Remix)

2) *Sans contrefaçon* (5'55)
(Boy Remix)

3) *Tristana* (7'10)
(Remix Club)

4) *Sans logique* (7'11)
(Illogical Club Remix)

5) *Allan* (7'57)
(Extended Mix)

6) *Ainsi soit je...* (7'10)
(Maxi Remix)

7) *Plus grandir* (6'25)
(Mother's Live Remix)

8) *À quoi je sers* (7'50)
(Club Remix)

CD 2

1) *Que mon cœur lâche* (8'10)
(Extended Dance Remix)

2) *Pourvu qu'elles soient douces* (6'30)
(Remix Club)

3) *Libertine* (7'00)
(Carnal Sins Remix)

4) *Je t'aime mélancolie* (7'45)
(Extended Club Remix)

5) *Regrets* (7'13)
(Extended Club Remix)

6) *Beyond my control* (8'03)
(Godforsaken Mix)

7) *Désenchantée* (8'10)
(Remix Club)

2. « LES MOTS »

Sortie : novembre 2001.
Production, arrangements et réalisation : Laurent Boutonnat.
Maison de disques : Polydor.
Éditions : Requiem Publishing et Polydor.
Ventes : plus de 1 500 000 exemplaires.
Certification : Disque de diamant.
Nombre de singles issus : 4 (*L'Histoire d'une fée, c'est* (déjà sorti en mars 2001), *Les Mots, C'est une belle journée* et *Pardonne-moi*).
Photos : Ellen Von Unwerth.
Mixage : Bertrand Châtenet.
Musiciens pour les inédits : Laurent Boutonnat (*claviers, arrangements, programmation*), Jean-Jacques Charles (*programmation cordes*), Abraham Laboriel jr (*batterie*), Karim Ziad (*batterie*), Slim Pezin (*guitare*), Michel Alibo (*basse*).

CD 1

1) *Maman a tort* (5'55)
(Version longue)

2) *Plus grandir* (3'35)
(Nouveau Mix)

3) *Libertine* (3'30)
(Nouveau Mix)

4) *Tristana* (4'30)
(Version single)

5) *Sans contrefaçon* (4'15)
(Version album)

6) *Ainsi soit je...* (4'45)
(Version single)

7) *Pourvu qu'elles soient douces* (4'16)
(Version single)

8) *Sans logique* (4'02)
(Version single)

9) *À quoi je sers...* (4'35)
(Version single)

10) *La Veuve noire* (4'15)
(Version Face B d'A quoi je sers)

11) *Désenchantée* (5'00)
(Version album plus courte)

12) *Regrets* (5'06)
(Version album plus courte)

13) *Je t'aime mélancolie* (4'40)
(Version single)

14) *Beyond my control* (5'20)
(Version album)

15) *Que mon cœur lâche* (4'05)
(Version single)

CD 2

1) *Les Mots* (4'45)
(Version album)

2) *California* (4'55)
(Version single plus longue)

3) *XXL* (4'20)
(Version single)

4) *L'Instant X* (4'40)
(Version single plus longue)

5) *Comme j'ai mal* (3'50)
(Version album)

6) *Rêver* (5'20)
(Version album)

7) *C'est une belle journée* (4'15)
(Version album)
8) *L'Âme-stram-gram* (4'20)
(Version album)

9) *Je te rends ton amour* (5'06)
(Version album)

10) *Effets secondaires* (3'50)
(Version 2e titre de Je te rends ton amour)

11) *Souviens-toi du jour...* (4'55)
(Version album)

12) *Optimistique-moi* (4'20)
(Version album)

13) *Innamoramento* (5'10)
(Version album plus courte)

14) *L'Histoire d'une fée, c'est* (5'00)
(Version album Razmockets II)

15) *Pardonne-moi* (4'30)
(Version album)

PLAISIRS SIMPLES

1. « MAMAN A TORT »

Sortie : mars 1984. Octobre 1984 pour *My Mum is wrong*.
Jérôme Dahan / Laurent Boutonnat.
Durée : 3'35 (et 6'12 pour le Maxi 45 tours).
Maison de disques : RCA.
Éditions : Bertrand Le Page.

Face B : instrumentale (3'30).
Maman a tort : 45 tours, deux pochettes : une couleur, une noir et blanc.

2. « ON EST TOUS DES IMBÉCILES »

Sortie : février 1985.
Jérôme Dahan / Laurent Boutonnat.
Durée : 3'40 (et 6'00 pour le Maxi 45 tours).
Maison de disques : RCA.
Éditions : Bertrand Le Page.

Face B : *L'Annonciation* (4'07. Paroles et musique : Laurent Boutonnat).

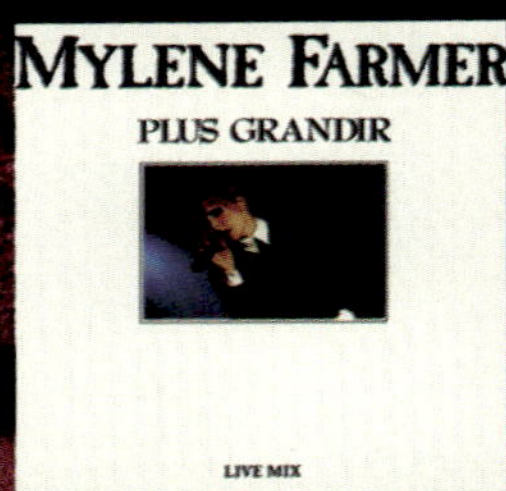

3. « PLUS GRANDIR »

Sortie : 25 septembre 1985.
Mylène Farmer / Laurent Boutonnat.
Durée : 4'03 (et 6'00 pour le maxi 45 tours).
Maison de disques : Polydor.
Éditions : Bertrand Le Page et Toutankhamon.

Face B : *Chloé* (paroles et musique : Laurent Boutonnat).

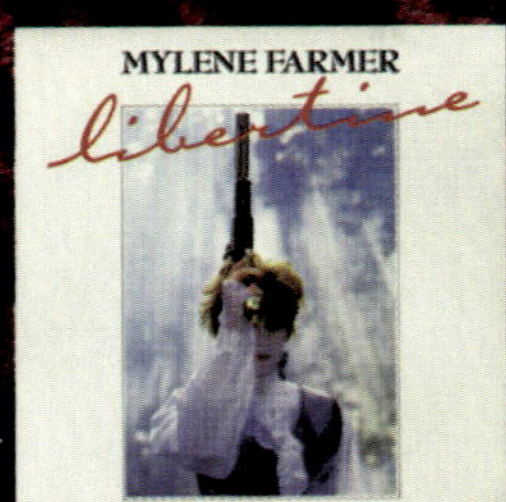

4. « LIBERTINE »

Sortie : 1er avril 1986.
Laurent Boutonnat / Jean-Claude Déqueant.
Durée : 3'30 (et 4'30 pour le maxi 45 tours).
Maison de disques : Polydor.
Éditions : Bertrand Le Page et Toutankhamon.

Face B : *Greta* (4'45. Paroles et musique : Laurent Boutonnat).

5. « TRISTANA »

Sortie : février 1987.
Mylène Farmer / Laurent Boutonnat.
Durée : 4'30.
Maison de disques : Polydor.
Éditions : Bertrand Le Page et Toutankhamon.

Face B : *Au bout de la nuit* (4'18. Paroles de Mylène Farmer et musique de Laurent Boutonnat).

6. « SANS CONTREFAÇON »

Sortie : 16 octobre 1987.
Mylène Farmer / Laurent Boutonnat.
Durée : 3'50.
Maison de disques : Polydor.
Éditions : Bertrand Le Page et Toutankhamon.

Face B : *La Ronde triste* (4'10. Paroles de Mylène Farmer et musique de Laurent Boutonnat).

7. « AINSI SOIT JE... »

Sortie : mars 1988.
Mylène Farmer / Laurent Boutonnat.
Durée : 4'30 (version single).
Maison de disques : Polydor.
Éditions : Bertrand Le Page et Toutankhamon.

Face B : *Ainsi soit je... Lamentations* (4'45).

8. « POURVU QU'ELLES SOIENT DOUCES »

Sortie : 12 septembre 1988.
Mylène Farmer / Laurent Boutonnat.
Durée : 4'10 (version single).
Maison de disques : Polydor.
Éditions : Bertrand Le Page et Toutankhamon.

Face B : *Puisque* (5'10. Paroles de Mylène Farmer et musique de Laurent Boutonnat).

9. « SANS LOGIQUE »

Sortie : février 1989.
Mylène Farmer / Laurent Boutonnat.
Durée : 4'00 (version radio).
Maison de disques : Polydor.
Éditions : Bertrand Le Page et Toutankhamon.

Face B : *Dernier sourire* (paroles : Mylène Farmer. Musique : Laurent Boutonnat).

10. « A QUOI JE SERS »

Sortie : juillet 1989.
Mylene Farmer / Laurent Boutonnat.
Duree : 4'30.
Maison de disques : Polydor.
Editions : Bertrand Le Page et Toutankhamon.

Face B : *La Veuve noire* (4'13. Paroles de Mylène Farmer et musique de Laurent Boutonnat).

11. « ALLAN »

Sortie : decembre 1989.
Mylene Farmer / Laurent Boutonnat.
Duree : 4'45 (et 5'14 pour le maxi 45 tours et maxi CD 3 titres).
Maison de disques : Polydor.
Editions : Bertrand Le Page et Toutankhamon.

Face B : *Psychiatric* (Premiere version; paroles : Mylene Farmer. Musique : Laurent Boutonnat).

12. « PLUS GRANDIR LIVE »

Sortie : 12 mai 1990.
Mylene Farmer / Laurent Boutonnat.
Duree : 4'10 (version intitulee Live Mix et 4'50 pour le maxi 45 tours et maxi CD 3 titres).
Maison de disques : Polydor.
Editions : Bertrand Le Page et Toutankhamon.

Face B : *Mum's rap* (d'une durée de 4'10).

13. « DESENCHANTEE »

Sortie : mars 1991.
Mylène Farmer / Laurent Boutonnat.
Durée : 4'45 (version radio).
Maison de disques : Polydor.
Editions : Requiem Publishing.

Face B : *Chaos Mix* (4'15).

14. « REGRETS »

Sortie : 19 novembre 1991.
Mylene Farmer / Laurent Boutonnat.
Durée : 4'45 (version single).
Maison de disques : Polydor.
Editions : Requiem Publishing.

Face B : *Classic Bonus Beat* (4'50).

15. « JE T'AIME MELANCOLIE »

Sortie : 29 juillet 1991.
Mylene Farmer / Laurent Boutonnat.
Duree : 4'20 (version single).
Maison de disques : Polydor.
Editions : Requiem Publishing.

Face B : *Smooth mix* (4'15).

16. « BEYOND MY CONTROL »

Sortie : mai 1992.
Mylene Farmer / Laurent Boutonnat.
Duree : 4'45 (version single mix).
Maison de disques : Polydor.
Editions : Requiem Publishing.

Face B : *Ya Ya Version* (4'40).

17. « QUE MON CŒUR LACHE »

Sortie : 23 novembre 1992 (et mai 1993 pour *My soul is slashed*).
Mylène Farmer (avec l'aide d'Ira Israel pour la traduction en anglais) / Laurent Boutonnat.
Duree : *Que mon coeur lâche* : 4'05 (version radio). *My Soul is slashed* : 4'15 (version single mix).
Maison de disques : Polydor.
Editions : Requiem Publishing.

Face B : *Pour Que mon coeur lâche* : *Dub Remix* (4'18).
Pour My soul is slashed : *French single mix* (4'10).

18. « XXL »

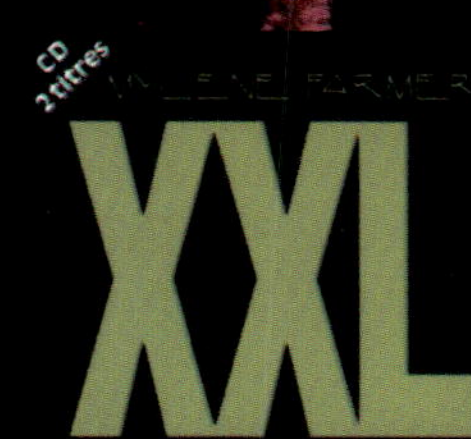

Sortie : 19 septembre 1995.
Mylène Farmer / Laurent Boutonnat.
Duree : 4'23 (version single).
Maison de disques : Polydor.
Editions : Requiem Publishing.

Deuxième titre : *No Voice Remix edit* (4'20).

19. « L'INSTANT X »

Sortie : 12 décembre 1995.
Mylène Farmer / Laurent Boutonnat.
Durée : 4'10 (version single).
Maison de disques : Polydor.
Editions : Requiem Publishing.

Deuxième titre : *Alice* (Arachnostring version, 5'20).

20. « CALIFORNIA »

Sortie : 26 mars 1996.
Mylène Farmer / Laurent Boutonnat.
Durée : 3'58 (Radio edit).
Maison de disques : Polydor.
Éditions : Requiem Publishing.

Deuxième titre : *Ramon Zenker's Radio Remix* (3'55).

21. « COMME J'AI MAL »

Sortie : juillet 1996.
Mylène Farmer / Laurent Boutonnat.
Durée : 3'50 (Radio edit).
Maison de disques : Polydor.
Éditions : Requiem Publishing.

Deuxième titre : *Aches Remix* (3'58).

22. « RÊVER »

Sortie : 16 novembre 1996.
Mylène Farmer / Laurent Boutonnat.
Durée : 4'42 (Radio edit).
Maison de disques : Polydor.
Éditions : Requiem Publishing.

Deuxième titre : *Live Version* (6'00).

23. « LA POUPÉE QUI FAIT NON » LIVE

Sortie : 29 avril 1997.
Franck Gérald / Michel Polnareff (et réarrangements d'Yvan Cassar).
Durée : 4'30 (version live).
Maison de disques : Polydor.
Éditions : Toutankhamon et Polydor.

Deuxième titre : *L'Autre live* (5'15) (Paroles, Mylène Farmer ; Musique, Laurent Boutonnat).

24. « AINSI SOIT JE...... » LIVE

Sortie : 20 août 1997.
Mylène Farmer / Laurent Boutonnat.
Durée : 4'39 (version live).
Maison de disques : Polydor.
Éditions : Requiem Publishing.

Deuxième titre : *Et tournoie live* (4'30).

25. « L'ÂME-STRAM-GRAM »

Sortie : 9 mars 1999.
Mylène Farmer / Laurent Boutonnat.
Durée : 4'16 (version single).
Maison de disques : Polydor.
Éditions : Requiem Publishing.

Deuxième titre : *L.A. Instrumentale* (4'20).

26. « JE TE RENDS TON AMOUR »

Sortie : 8 juin 1999.
Mylène Farmer /Laurent Boutonnat.
Durée : 5'05 (version single).
Maison de disques : Polydor.
Éditions : Requiem Publishing.

Deuxième titre : *Effets secondaires* (3'30).

27. « SOUVIENS-TOI DU JOUR »

Sortie : 2 septembre 1999.
Mylène Farmer /Laurent Boutonnat.
Durée : 4'55 (version single).
Maison de disques : Polydor.
Éditions : Requiem Publishing.

Deuxième titre : *Royal G's Radio Mix* (3'58).

28. « OPTIMISTIQUE-MOI »

Sortie : 22 février 2000 (et 7 mars pour le Maxi CD Digipack 2).
Mylène Farmer (paroles et musique)
Durée : 4'20 (version single).
Maison de disques : Polydor.
Éditions : Requiem Publishing.

Deuxième titre : *Opti-mystique Radio Mix* (4'30).

29. « INNAMORAMENTO »

Sortie : 18 juillet 2000.
Mylène Farmer / Laurent Boutonnat.
Maison de disques : Polydor.
Durée : 4'50 (version single).
Éditions : Requiem Publishing.

Deuxième titre : *Darkness Remix* (5'26).

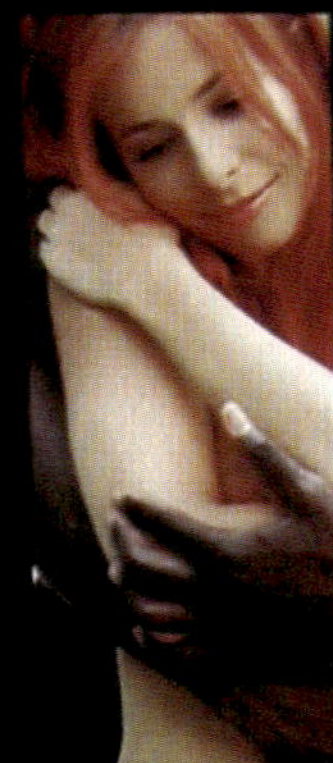

30. « DESSINE-MOI UN MOUTON »

Sortie : 5 décembre 2000.
Mylene Farmer / Laurent Boutonnat.
Durée : 4'34 (version single).
Maison de disques : Polydor.
Editions : Requiem Publishing.

Deuxième titre : *Dernier sourire* (4'15).

31. « L'HISTOIRE D'UNE FEE, C'EST... »

Sortie : 27 février 2001.
Mylene Farmer / Laurent Boutonnat.
Durée : 4'44 (version single).
Maison de disques : Polydor.
Editions : Requiem Publishing.

32. « LES MOTS »

Sortie : 13 novembre 2001.
Mylene Farmer / Laurent Boutonnat.
Durée : 4'47 (version single).
Maison de disques : Polydor.
Editions : Requiem Publishing.

33. « C'EST UNE BELLE JOURNEE »

Sortie : 16 avril 2002.
Mylene Farmer / Laurent Boutonnat.
Durée : 4'10 (version single).
Maison de disques : Polydor.
Editions : Requiem Publishing.

34. « PARDONNE-MOI »

Sortie : 21 octobre 2002.
Mylène Farmer / Laurent Boutonnat.
Durée : 4'30 (version single).
Maison de disques : Polydor.
Editions : Requiem Publishing.

Film

Giorgino

Fiche technique
Sortie : 5 octobre 1994.
Durée : 2 h 57.
Lieu de tournage : Ex-Tchécoslovaquie.
Distributeur : AMLF.
Nombre de copies : 94.
Durée du tournage : environ 5 mois.
Budget : environ 80 millions de francs.
Nombre d'entrées : environ 69 000.
Production : Heathcliff SA et Canal Plus.
Réalisateur : Laurent Boutonnat.
Scénario : Laurent Boutonnat et Gilles Laurent.
Directeur de la photographie : Jean-Pierre Sauvaire.
Décors : Pierre Guffroy.
Costumes : Carine Sarfati.
Musique : Laurent Boutonnat. Direction musicale : Yvan Cassar.
Post-production : Paul Van Parys.
Diffusion télé : sur Canal Plus, en septembre 1995.

Clips torridiens

En K7

« Les clips » volume I
Novembre 1987.
Maman a tort (3'50), *Plus grandir* (7'32), *Libertine* (10'53) , *Tristana* (11'33).
Réalisateur : Laurent Boutonnat.

« Les clips » volume II
Décembre 1988.
Sans contrefaçon (8'43), *Ainsi soit je...* (5'23), et *Pourvu qu'elles soient douces* (17'52).
Réalisateur : Laurent Boutonnat
Plus : Les coulisses du clip de *Pourvu qu'elles soient douces* (23'17) par François Hanss.

« Les clips » volume III
Mars 1990.
Sans logique (5'37), *À quoi je sers...* (4'58), *Allan live* (5'42) et *Plus grandir live* (4'50).
Réalisateur : Laurent Boutonnat.

« Mylène Farmer Les clips, The videos »
Mars 1990.
Contenu et durée : Les clips de *Ainsi soit je...*, *Douces* (titre à l'export de PQSD), *Sans logique*, *Allan* live et *Plus grandir* live.
Réalisateur : Laurent Boutonnat.

« Mylène Farmer en concert, Le film »
Mai 1990.
Prologue (6'00), *L'Horloge* (4'30), *Sans logique* (5'00), *Maman a tort* (6'00), *Déshabillez-moi* (3'45), *Puisque* (5'00), *Pourvu qu'elles soient douces* (8'00), *À quoi je sers* (5'00), *Sans contrefaçon* (6'00), *Jardin de Vienne* (5'30), *Tristana* (8'00), *Ainsi soit je...* (7'40), *Libertine* (12'00), *Je voudrais tant que tu comprennes* (4'00) et *Mouvements de Lune* (5'00)
Réalisateur : Laurent Boutonnat.

« Les autres »
Septembre 1992.
Désenchantée (10'12), *Regrets* (6'17), *Je t'aime mélancolie* (5'13) et *Beyond my control* (5'00).
Réalisateur : Laurent Boutonnat
Plus : Les coulisses du clip de *Désenchantée* (14'23), François Hanss

« Music videos » Vol. I
Avril 1997.
De *Plus grandir* à *Beyond my control*, en version remasterisée par Boutonnat. Réalisateur : Laurent Boutonnat.
Plus : Les coulisses des clips de *Pourvu qu'elles soient douces* et *Désenchantée* par François Hanss.

« Music videos » Vol. II
Avril 1997.
Que mon cœur lâche (6'44), *XXL* (4'34), *L'Instant X* (4'22), *California* (5'18) et *Comme j'ai mal* (4'00).
Réalisateurs : Luc Besson, Marcus Niespel et Abel Ferrara.
Plus : Les coulisses du clip de *California* (26'52), François Hanss.

« Live à Bercy »
Mai 1997.
Ouverture (4'45), *Vertige* (6'20), *California* (7'30), *Que mon cœur lâche* (4'35), *Et tournoie* (4'30), *Je t'aime mélancolie* (5'20), *L'Autre* (5'50), *Libertine* (5'40), *L'Instant X* (9'36), *Alice* (5'25), *Comme j'ai mal* (4'35), *Sans contrefaçon* (4'20), *Mylène s'en fout* (4'45), *Désenchantée* (8'15), *Rêver* (8'00), *Laisse le vent emporter tout* (6'25), *Tomber 7 fois* (6'00), *Ainsi soit je...* (5'00), *La Poupée qui fait non* (4'30) et *XXL* (7'00).
Réalisateurs : Laurent Boutonnat et François Hanss.

« Je te rends ton amour »
Juin 1999.
Le clip censuré intégral de *Je te rends ton amour* (5'08).
Réalisateur : François Hanss.

« Music videos » Vol. III
Novembre 2000.
L'Âme-stram-gram (7'50), *Je te rends ton amour* (5'08), *Souviens-toi du jour* (5'07), *Optimistique-moi* (4'25) et *Innamoramento* (5'52).
Réalisateurs par ordre du clip : Ching Sui Tung, François Hanss, Marcus Niespel et Michael Haussman
Plus : Les coulisses du clip de *L'Âme-stram-gram* (18'19), François Hanss.

« Mylenium tour »
Décembre 2000.
Mylenium (6'40), *L'Amour naissant* (5'26), *L'Âme-stram-gram* (5'43), *Beyond my control* (5'21), *Rêver* (5'55), *Il n'y a pas d'ailleurs* (5'17), *Mylène is calling* (2'20), *Optimistique-moi* (5'43), *Medley* (6'45), *Regrets* (5'07), *Désenchantée* (7'54), *Méfie-toi* (5'51), *Dessine-moi un mouton* (6'40), *California* (5'15), *Pas le temps de vivre* (8'26), *Je te rends ton amour* (5'16), *Souviens-toi du jour...* (7'48), *Dernier sourire* (5'23), *Innamoramento* (6'49), *Générique de fin* (4'28).
Réalisateur : François Hanss.

« Music videos » Vol. I, II et III
Novembre 2001.
Les trois vidéos *Music Videos* déjà sorties dans le commerce.
Réalisateurs par ordre du clip : Luc Besson, Marcus Niespel, Abel Ferrara, Ching Sui Tung, François Hanss, et Michael Haussman (et François Hanss encore pour les coulisses).

En DVD

« Live à Bercy »
Mai 1999.
Ouverture (4'45), *Vertige* (6'20), *California* (7'30), *Que mon cœur lâche* (4'35), *Et tournoie* (4'30), *Je t'aime mélancolie* (5'20), *L'Autre* (5'50), *Libertine* (5'40), *L'Instant X* (9'36), *Alice* (5'25), *Comme j'ai mal* (4'35), *Sans contrefaçon* (4'20), *Mylène s'en fout* (4'45), *Désenchantée* (8'15), *Rêver* (8'00), *Laisse le vent emporter tout* (6'25), *Tomber 7 fois* (6'00), *Ainsi soit je...* (5'00), *La Poupée qui fait non* (4'30) et *XXL* (7'00).
Bonus : Menu animé. Chapitrage. Livret photos.
Réalisateurs : Laurent Boutonnat et François Hanss.

« Music Videos »
Mars 2001.
De *Plus grandir* à *Beyond my control*, en version remasterisée par Boutonnat. Et les coulisses des clips de *Pourvu qu'elles soient douces* et *Désenchantée*.
Bonus : Menu animé. Chapitrage. Les clips de *Maman a tort*, *Allan* live et *Plus grandir* live.
Réalisateur : Laurent Boutonnat (et François Hanss pour les coulisses).

« Music Videos » Vol. II et III
Mars 2001.
De *Que mon cœur lâche* à *Innamoramento*, en version remasterisée.
Réalisateurs : Luc Besson, Marcus Niespel, Abel Ferrara, Ching Siu Tung, Michael Haussman
Plus : Les coulisses des clips de *California* et *L'Âme-stram-gram*. Et le reportage *MF Confidential* (11'32). François Hanss
Bonus : Menu animé. Chapitrage. Les clips de *Rêver* live (6'05), *La Poupée qui fait non* live (4'30) et *Ainsi soit je...* live (5'04).

« Mylénium Tour »
Décembre 2000.
Mylénium (6'40), *L'Amour naissant* (5'26), *L'Âme-stram-gram* (5'43), *Beyond my control* (5'21), *Rêver* (5'55), *Il n'y a pas d'ailleurs* (5'17), *Mylène is calling* (2'20), *Optimistique-moi* (5'43), *Medley* (6'45), *Regrets* (5'07), *Désenchantée* (7'54), *Méfie-toi* (5'51), *Dessine-moi un mouton* (6'40), *California* (5'15), *Pas le temps de vivre* (8'26), *Je te rends ton amour* (5'16), *Souviens-toi du jour...* (7'48), *Dernier sourire* (5'23), *Innamoramento* (6'49), *Générique de fin* (4'28).
Bonus : Menu animé. Chapitrage. Multi-angles sur *L'Amour naissant*, *L'Âme-stram-gram* et *Rêver*. Reportages *Made in USA* (8'50, sur les coulisses), *Band and Dancers* (3'40, sur les chorégraphies notamment), *326 seconds* (5'31, sur la préparation mentale avant l'entrée en scène), *Vous* (4'50, sur le public, les gens autour de la tournée) et *Made in Russia* (8'05, sur le passage de Mylène en Russie).
Réalisateur : François Hanss.

Lasers discs
... pour le plaisir des sens

« Ainsi soit je... »
Avril 1988.
Contenu et durée : CD à la fois musical et vidéographique. En vidéo, le clip d'*Ainsi soit je...*. Musicalement, trois remixes (*Maxi Remix*, *Classic Bonus Beat* et *Lamentations*).
Réalisateur : Laurent Boutonnat.

« Mylène Farmer les clips, The Videos »
Mars 1990.
Les clips de *Ainsi soit je...*, *Douces* (titre à l'export de PQSD), *Sans logique*, *Allan* live et *Plus grandir* live.
Réalisateur : Laurent Boutonnat.

« Mylène Farmer en concert, le film »
Mai 1990.
Prologue (6'00), *L'Horloge* (4'30), *Sans logique* (5'00), *Maman a tort* (6'00), *Déshabillez-moi* (3'45), *Puisque* (5'00), *Pourvu qu'elles soient douces* (8'00), *À quoi je sers...* (5'00), *Sans contrefaçon* (6'00), *Jardin de Vienne* (5'30), *Tristana* (8'00), *Ainsi soit je...* (7'40), *Libertine* (12'00), *Je voudrais tant que tu comprennes* (4'00) et *Mouvements de lune* (5'00)
Réalisateur : Laurent Boutonnat.

« L'Autre »
Septembre 1992.
Désenchantée (10'12), *Regrets* (6'17), *Je t'aime mélancolie* (5'13) et *Beyond my control* (5'00).
Réalisateur : Laurent Boutonnat.
Plus : Les coulisses du clip de *Désenchantée* (14'23). François Hanss.

« Live à Bercy »
Mai 1997.
Ouverture (4'45), *Vertige* (6'20), *California* (7'30), *Que mon cœur lâche* (4'35), *Et tournoie...* (4'30), *Je t'aime mélancolie* (5'20), *L'Autre* (5'50), *Libertine* (5'40), *L'Instant X* (9'36), *Alice* (5'25), *Comme j'ai mal* (4'35), *Sans contrefaçon* (4'20), *Mylène s'en fout* (4'45), *Désenchantée* (8'15), *Rêver* (8'00), *Laisse le vent emporter tout* (6'25), *Tomber 7 fois* (6'00), *Ainsi soit je...* (5'00), *La Poupée qui fait non* (4'30) et *XXL* (7'00).
Réalisateurs : Laurent Boutonnat et François Hanss.

« Music Videos »
Avril 1998.
De Plus grandir à *Comme j'ai mal*, en version remasterisée par Boutonnat.
Plus : Les coulisses des clips de *Pourvu qu'elles soient douces*, *Désenchantée* et *California*.
Réalisateurs : Laurent Boutonnat, Luc Besson, Marcus Niespel, Abel Ferrara, Ching Siu Tung, François Hanss et Michael Haussman.

MYLÈNE SUR LA TOILE

QUELQUES SITES DE RÉFÉRENCE

www.mylenefarmeriscalled.net

Complet en documents et archives, riche en informations, bien pensé, réactualisé au jour le jour.

www.instant-mag.com

Le site « référence » sur la star rousse et sur le fanzine *Instant Mag* que vous pouvez acheter par correspondance. Beau graphisme, sobre, élégant.

www.mffcb.com

Le fan club de Belgique offre un site très détaillé, fourmillant d'informations, annexes, bio...

www.mfmagazine.net

Encore le site d'une revue, celui de *Mylène Farmer Magazine*. Un trimestriel esthétique consacré à l'idole rousse.

REMERCIEMENTS

Claude Gassian
Donovan Lhote (documentation, iconographie)
Michel Marisy (*Télé 7 Jours*)
Jeff Pekala (Starface)
Jean-Michel Psaïla (Abaca Press)
Service documentation HFM
Sunset Boulevard (Raymond Boyer)
Télé 7 Jours
Elsa et Fabrice Trillat
Pascal Vandeputte
Edouard Boulon

Staff Michel Lafon Publishing : Marie Dreyfuss, Nathalie Rivière, Christophe Nzhie

Remerciements spéciaux
Gilles Lhote et Huguette Maure

Et à Germain Nouveau, ami d'Arthur Rimbaud et de Paul Verlaine.

« Sans verte étoile au ciel, ni nébuleuse blanche,
Sur je ne sais quel Styx morne, au centre de l'O
Magnifique qui vibre autour de lui sur l'eau,
Mélancoliquement mon esprit fait la planche. »

CREDITS PHOTOGRAPHIQUES

Claude Gassian : couverture, pp. 12, 18, 19, 20-21, 22-23, 38-39, 41, 44-45, 46, 57, 62-63, 83, 88-89, 90-91, 94-95, 97, 108-109, 110-111, 112-113, 122-123, 124-125, 126, 127, 129, 130-131, 133, 135 (droite), 136-137, 138, 139, 140-141, 142-143, 144-145, 146-147, 154-155, 156, 157, 160, 161, 174.

Elsa Trillat : pp. 4, 6, 26, 33, 34, 36 (haut et bas), 37 (haut et bas), 52, 55, 56, 116-117, 118-199.

Starface : pp. 85, 104 (centre, bas gauche, bas droit), 105 (haut), 107.
Dany Lee/Starface : pp.121, 134-135 (centre).

Abaca Press : pp. 43, 60-61, 158-159.

Rue des Archives : pp. 96, 98, 100, 101, 102, 103 (haut).

Angeli : pp. 35, 51, 113.

Gamma : pp. 86-87.
FSTV Gamma : pp. 30-31.
Pierre Perrin/Gamma : pp. 48, 49, 50, 64.
François Darmigny/Gamma : p. 114.

Stills : pp. 10, 31 (vignettes), 58-59, 128, 132, 134 (gauche), 146 (gauche) 148-149, 150-151, 152-153 (+ vignette).
Facelly/Stills : p.29.

Étienne Georges/Collection Raymond Boyer/Sunset Boulevard :pp. 9, 13 (vignette), 66-67, 68 (vignette), 69, 70-71, 72, 73, 74-75, 76-77, 78-79, 80-81, 92-93.

M. Dreyffus/O.Médias : pp. 14-15.

Michel Marisy/Télé 7 jours/Scoop : pp. 24-25, 65, 106-107.
Doumax/Télé 7 jours/Scoop : pp. 42, 54, 104 (haut).

Keystone : p. 103 (bas gauche).

Herb Ritts/Universal/Polydor : p.163

Sipa : p. 105 (centre, bas).

D.R. : pp. 11, 16, 84.

RÉALISATION
VANDEPUB

Achevé d' imprimer par Mateu-cromo
Dépôt légal : novembre 2003
ISBN : 2-84098-989-1
LAF 522